A1-A2
Méthode de français

AF060445

Livre de l'élève

Fabienne Gallon et Céline Himber

DELF : Adeline Gaudel

FRANÇAIS LANGUE ÉTRANGÈRE

MODE D'EMPLOI

Une page d'ouverture

Pour découvrir la thématique de l'unité

Contrat d'apprentissage

Ressources complémentaires

Deux leçons d'apprentissage

Pour découvrir progressivement la langue en contexte

Documents oraux et écrits variés

Boîtes à outils de lexique, de communication et de grammaire

Activités de compréhension des documents et de découverte de la langue

Tâche finale collaborative

Renvoi à la carte mentale de l'unité

Trois pages Lexique et Communication

Pour mémoriser le lexique et les actes de parole et s'entraîner en classe

Carte mentale enregistrée et illustrée

Activités d'entraînement collectif ou individuel

D'UNE UNITÉ

Trois pages Grammaire et Verbes

Pour approfondir la grammaire et s'entraîner en classe

Tableaux de grammaire schématisés

Activités de phonétique

Tableaux de conjugaison enregistrés

Activités d'entraînement collectif ou individuel

Une évaluation

Évaluation de la compréhension (orale et écrite) et de la production (orale et écrite). Notée sur 20 points.

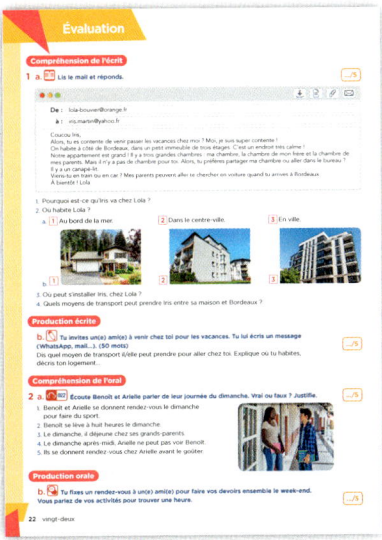

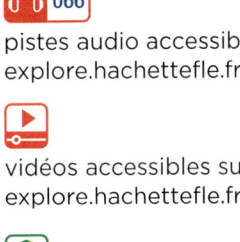 pistes audio accessibles sur explore.hachettefle.fr

 vidéos accessibles sur explore.hachettefle.fr

 activités ludiques et collaboratives

 activités de production orale individuelle

activités d'interaction orale

 activités de production écrite

trois 3

TABLEAU DES CONTENUS

	APPRENONS À...	COMMUNICATION	LEXIQUE
En route ! 8-10		• Échanger sur ses motivations • Faire connaissance avec ses camarades	
Unité 1 **Logements** 11-22	Décrire un logement **Tâche finale** Imaginer notre maison idéale Parler de nos activités quotidiennes **Tâche finale** Imaginer une classe découverte insolite	• Dire où on habite • Parler de ses déplacements • Situer dans le temps	• La maison • Les meubles et objets • Les activités quotidiennes • Les repas • Les moyens de transport
Unité 2 **Balades** 23-34	Parler des lieux de la ville **Tâche finale** Présenter une transformation de notre quartier Planifier une sortie **Tâche finale** Créer une balade urbaine	• Proposer / Accepter / Refuser une sortie • Indiquer la chronologie • Indiquer un itinéraire	• Les lieux de la ville
Unité 3 **Occupations** 35-46	Communiquer au téléphone **Tâche finale** Partager nos bons plans Raconter ce qu'on a fait **Tâche finale** Faire la liste de nos tâches ménagères	• Communiquer au téléphone • Situer dans le passé • Réagir	• Les lieux de sortie • Les tâches ménagères
Unité 4 **Tendances** 47-58	Décrire des vêtements **Tâche finale** Écrire une annonce pour vendre des vêtements Parler d'idées de cadeaux **Tâche finale** Créer un accessoire	• Dire la taille et la pointure • Faire des achats • Décrire un vêtement • Parler de la météo et des saisons	• Les vêtements • Les accessoires
Unité 5 **Destinations** 59-70	Parler de destinations de voyages **Tâche finale** Faire une *bucket list* de lieux à visiter Communiquer par mail **Tâche finale** Organiser une fête surprise	• Exprimer la date future • Situer dans l'espace • Écrire un mail amical	• Les continents • Quelques pays • Les paysages • Les monuments • Les fêtes familiales
Unité 6 **Bien-être** 71-82	Parler de notre alimentation **Tâche finale** Imaginer un menu équilibré Donner des conseils « bien-être » **Tâche finale** Créer un « guide santé » pour ados	• Exprimer des quantités et des mesures • Exprimer des sensations • Exprimer l'obligation et l'interdiction	• Les aliments et les boissons • Les plats • Les parties du corps

GRAMMAIRE	VERBES	PHONÉTIQUE / PRONONCIATION
• L'interrogation avec inversion • *Oui* et *si* • Les prépositions et adverbes de lieu *(1)* • Les pronoms COD *(le, la, l', les)*	• Le verbe *prendre* • Les verbes pronominaux *(se coucher)* • Verbes en *-er* : cas particuliers *(se lever, préférer)*	• Les sons [u] et [y]
• Les prépositions et adverbes de lieu *(2)* • Le futur proche • Le présent continu • La négation avec *rien* et *personne*	• Les verbes du 2ᵉ groupe *(choisir)* • Le verbe *vouloir*	• Le son [r]
• Le passé composé avec *avoir* • Le participe passé • Le passé composé avec *être* • La négation avec le passé composé • *Déjà / Pas encore*		• L'omission de *ne/n'*
• Les adverbes de quantité • *Si* + présent… + présent ou impératif • Les pronoms COI *(lui, leur)*	• Le verbe *mettre* • Le verbe *essayer* • Le verbe *offrir*	• Les graphies des sons [s] et [z]
• Les prépositions devant les noms de villes et de pays • Le pronom *on* • Le pronom complément de lieu *y* • Le futur simple		• Le *e* caduc au futur
• Les articles partitifs • Le pronom *en* COD • Le passé récent	• Le verbe *boire* • Le verbe *devoir* • Le verbe *(se) sentir*	• La liaison avec le pronom *en*

Ressources +

	VIDÉO	CULTURE ET CITOYENNETÉ	MON COURS DE/D'...
Unité 1 84-89	Leçon 1 - Document 2 *La villa de la jungle*	**La géographie de la France** ➕ VIDÉO **Compétences citoyennes** La protection de nos paysages	**Géographie** • Se repérer dans l'espace • Lire une carte
Unité 2 90-93		**Bienvenue à Paris** ➕ VIDÉO **Compétences citoyennes** Le pouvoir politique en France	**Histoire** • Connaître des monuments et des villes historiques • Découvrir une ville romaine
Unité 3 94-97		**Transports originaux** ➕ VIDÉO **Compétences citoyennes** Panneaux de signalisation	**EMC (Éducation morale et civique)** • Ce que signifie « vivre ensemble » • Pratiquer le « vivre ensemble » au collège
Unité 4 98-103	Leçon 7 - Document 2	**Vêtements et recyclage** ➕ VIDÉO **Compétences citoyennes** Des idées écoresponsables	**Arts plastiques** • Reconnaître des mouvements de peinture • Reproduire des tableaux célèbres
Unité 5 104-107		**La France d'outre-mer : les DROM-COM** ➕ VIDÉO **Compétences citoyennes** La diversité des langues en France d'outre-mer	**Histoire des arts** • Identifier le patrimoine mondial • Situer le patrimoine mondial
Unité 6 108-113	Leçon 11 - Document 2 *Le sucre : où est-ce qu'il se cache ?*	**La gastronomie française** ➕ VIDÉO **Compétences citoyennes** Bien manger	**Mathématiques** • Calculer un volume • Convertir des volumes

VIDÉO

Document de l'unité en version vidéo

Activités de compréhension de la vidéo et de découverte de la langue

Activités de production

CULTURE ET CITOYENNETÉ

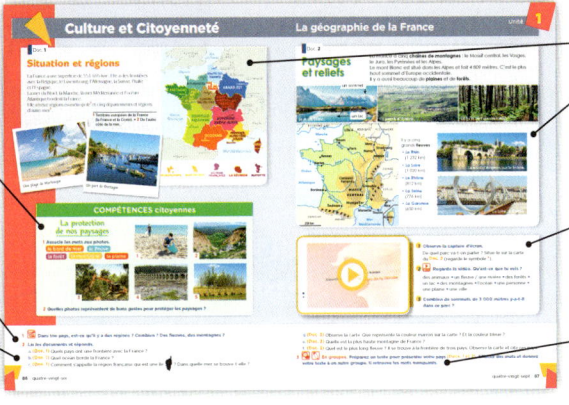

Focus sur les compétences citoyennes

Question interculturelle

Activités de compréhension des documents

Documents variés

Document vidéo authentique et questions de compréhension

Activité de production collaborative

MON COURS DE...

Objectifs de la discipline

Activités interdisciplinaires

Activité de production collaborative

VERS LE DELF A2

Pour s'entraîner à l'épreuve de DELF A2   114-121

PRÉCIS DE GRAMMAIRE

Tous les points de grammaire du livre et des tableaux de conjugaisons   122-128

En route !

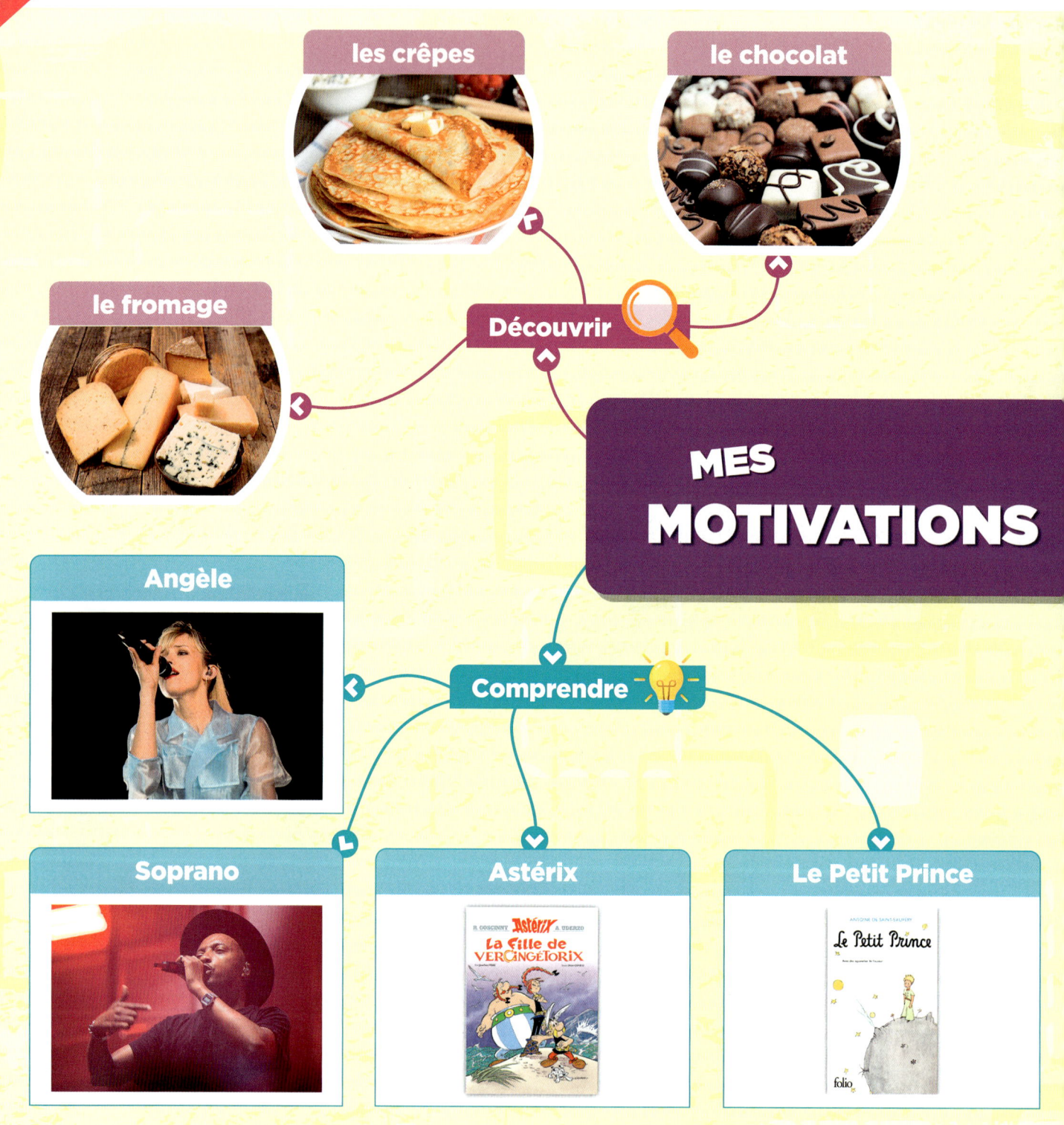

Fais le point sur tes motivations

1 Observe la carte mentale. Retrouve les éléments suivants.

trois spécialités de la cuisine francophone — un chanteur français — une chanteuse belge — deux livres — trois villes francophones — un festival de cinéma — deux compétitions sportives

2 **En groupes.**

a. Quelles sont vos motivations pour continuer le français ? Choisissez sur la carte mentale et trouvez d'autres motivations.

b. Dessinez la carte mentale des motivations du groupe.

En route !

Apprends à connaître tes camarades

3 Observe le nuage de mots. Écris neuf questions pour connaître un(e) camarade. Varie les questions.

- Est-ce que tu as un animal chez toi ?
- ...

4 Par deux. Le jeu du portrait.

a. Pose les questions de l'activité 3 à ton/ta camarade. Écris ses réponses.

Est-ce que tu as un animal chez toi ?   Oui, j'ai un poisson rouge.   un poisson rouge

b. Crée le portrait de ton/ta camarade à partir de ses réponses. Tu peux l'illustrer.

Le portrait de Samuel

c. Avec la classe. Mélangez et redistribuez les portraits. Reconnais ton portrait quand un(e) camarade le présente.

Il ou elle a un poisson rouge. Son objet préféré, c'est une montre...   C'est moi !

LOGEMENTS

Unité 1

LEÇON 1 Apprenons à décrire un logement pour imaginer notre maison idéale.

LEÇON 2 Apprenons à parler de nos activités quotidiennes pour imaginer une classe découverte insolite.

Ressources +

- Leçon 1 Document 2 en vidéo !
- Culture et Citoyenneté : La géographie de la France
- Mon cours de géographie

LEÇON 1 — Logements originaux

Document 1 🎧 002

Thomas présente Simon, son nouveau copain, à sa mère.

1 Observe les photos et lis la phrase d'introduction.
1. À ton avis, qui est la personne sur la photo ?
2. Est-ce qu'elle connaît bien Simon ? Pourquoi ?
3. À ton avis, de quoi parlent ces personnes ?
d'activités de loisirs • de lieux de vacances • de lieux d'habitation insolites

Dire où on habite
J'habite…
➤ en ville, à la campagne, au bord de la mer.
➤ dans un appartement, une maison, un phare, un bateau.

2 🎧 002 Écoute.
a. Vérifie tes hypothèses.
b. Où habite Simon ? Choisis le(s) lieu(x) sur le document 1. Justifie.
c. Retrouve les questions de la mère de Thomas correspondant à ces réponses.

> Non !   Trois pièces.

L'interrogation avec inversion
Habites-tu (= Tu habites) dans une maison ? dans un appartement ?
Combien de pièces y **a-t-il** (= il y a) ?

3 🎧 002 Réécoute.
a. Que répondent Simon et la mère de Thomas ?

> C'est petit chez toi ?   Vous ne devinez pas ?

Oui !   Si !

Oui et si
Tu habites dans une maison ?
➤ Oui ! / Non !
Tu **n'**habites **pas** dans une maison ?
➤ Si ! / Non !

b.  **Par deux.** Où rêvez-vous d'habiter ? Posez-vous des questions et répondez par *oui*, *si* ou *non*.

> Tu rêves d'habiter au bord de la mer ?   Oui !

Unité 1

Document vidéo

Document 2

Éva adore jouer aux Sims. Elle montre sa nouvelle maison à son copain Adam.

4 Observe la photo et lis la phrase d'introduction. Que regardent Éva et Adam ?
  1. un dessin animé   2. un jeu vidéo   3. un reportage sur une maison insolite

5 🎧 003 Écoute et observe la boîte à outils.
  a. Dans quel ordre est-ce qu'on visite les pièces de la maison ? *1 la cuisine*
  b. Quelles pièces sont à l'étage ?
  c. Retrouve dans la boîte à outils les pièces correspondant aux dessins.

A   B   C   D

La maison
la chambre
la cuisine
la salle à manger
la salle de bains
le salon
les toilettes

Les meubles
un bureau
un canapé
une chaise
un lit
une table
une télé

6 a. 🎧 003 Réécoute. Complète les phrases.
  1. Dans la salle à manger, il y a une grande ⬤ et des ⬤.
  2. Dans le salon, il y a un petit ⬤, une ⬤ et deux ⬤.
  3. Dans la chambre des enfants, il y a deux petits ⬤, un ⬤ et un ⬤.

  b. Où est la salle à manger ? la télé ? et l'ordinateur ?

Les prépositions et adverbes de lieu
à côté (de)
dans
sur

7 ✏️ 💬 **Imaginons notre maison idéale !**

Carte mentale p. 16-17

  En groupes
  a. Dessinez votre maison idéale.
  b. Affichez votre dessin et présentez votre maison à la classe.
  c. La classe pose des questions et vote pour la plus belle maison.

  Là, c'est… et, à côté, il y a…
  Il y a combien d'étages ?

treize 13

LEÇON 2 — Classe découverte

Document

Mon blog — Christian Lavenne • professeur de SVT   Collège Albert-Camus (La Rochelle)

http://www.blogcollege.com

accueil   la classe   la vie au collège   **actualités**

Classe découverte des 6es : Nature et logements insolites
Dates : du 26 au 30 septembre
Lieu : La Grève-sur-Mignon
Logement : dans des yourtes
Transport : en car

Chers parents,

Voici le programme de vos enfants pendant ces cinq jours.

26 septembre
- **09 h 00** Arrivée à La Grève-sur-Mignon et installation dans les yourtes.
- **10 h 00** Atelier yourtes (des animateurs expliquent comment on les fabrique).
- **12 h 00** Déjeuner.
- **13 h 30** Atelier nature (pendant cet atelier, on étudie les animaux de la région).
- **16 h 00** Goûter. Après le goûter, promenades à pied ou à vélo.
- **19 h 30** Dîner. Avant le repas, temps libre (jeux, activités sportives...).
- **21 h 00** Tout le monde se couche !

27 septembre
- **07 h 30** On se lève et on se lave (ici, la douche, on la prend dans une salle de bains commune parce que les yourtes ne sont pas équipées).
- **08 h 00** Petit-déjeuner (on le prend tous ensemble dans la grande yourte).

---

1 Lis le début du blog et réponds.
1. Qui écrit ?
2. À qui ?
3. Pourquoi ?
4. Combien de temps dure le séjour ?
5. De quel logement insolite on parle ?

A

B

C

6. Comment les élèves vont-ils en classe découverte ?

A

B

C

Parler de ses déplacements
- **en** car
- **à** pied
- **à** vélo

Unité 1

2 Lis le blog.

a. Observe les dessins. Que font les élèves ?

1

2

3

Les activités quotidiennes

se lever
se laver / se doucher
se coucher

Les verbes pronominaux : p. 21
Les verbes en *-er* : p. 21

b. Observe les heures. Quels repas prennent les élèves ?

À 12 heures, ils déjeunent. — 12:00   19:30   8:00   16:00

Les repas

le petit-déjeuner
(prendre le petit-déjeuner)
le déjeuner (déjeuner)
le goûter (goûter)
le dîner (dîner)

Le verbe *prendre* : p. 20

c. En groupes. Et vous, à quelle heure faites-vous ces activités ?

Moi, je me lève à…

se lever • déjeuner • dîner • se laver • se coucher

3 Relis le blog. À quels moments les élèves font les activités suivantes ?

A — faire une promenade à vélo

B — étudier les animaux

C — faire des jeux

Situer dans le temps

avant le repas/dîner
pendant l'atelier nature
après le goûter

4 a. Lis encore. Associe les phrases aux mots proposés. Attention aux intrus !

les yourtes • le goûter • le dîner • les animaux •
la yourte • la douche • le petit-déjeuner

1. On **le** prend dans la grande yourte.
2. On **la** prend dans la salle de bains commune.
3. Des animateurs expliquent comment on **les** fabrique.

Les pronoms COD

On **le** prend.
On **la** prend.
On **les** fabrique.

b. En groupes. Pose des devinettes à tes camarades. Ils/Elles devinent de quoi tu parles.

Je les fais avant le dîner.   Tes devoirs !

5 **Imaginons une classe découverte insolite !**

En groupes
a. Choisissez les dates, le lieu, le moyen de transport et un type de logement insolite.

On propose une classe découverte dans des cabanes dans les arbres !

b. Préparez le programme d'une journée de classe découverte.
c. Affichez votre programme et présentez-le à la classe. Votez pour le meilleur programme.

Carte mentale p. 16-17

quinze 15

Lexique et Communication

🎧 004 Dire où on habite

J'habite…
en ville : en banlieue ≠ dans le centre
à la campagne
au bord de la mer
dans un village

dans un immeuble
dans un appartement
dans une maison

Chez moi…

🎧 005 La maison

un étage
les escaliers (masc.)
une pièce

1. le bureau
2. la chambre
3. la cuisine
4. l'entrée
5. la salle à manger
6. la salle de bains
7. le salon
8. les toilettes

🎧 011 Situer dans le temps

avant le repas
pendant l'atelier nature
après le goûter

🎧 009 Les activités quotidiennes

s'habiller ≠ se déshabiller
se réveiller
se lever
se préparer
se laver
prendre une douche
(se doucher)
rentrer à la maison
faire les devoirs
se coucher

🎧 010 Les repas

le petit-déjeuner – prendre le petit-déjeuner
le déjeuner – déjeuner / manger
le goûter – goûter
le dîner – dîner / manger

MOI ET

Dire où on habite

1 🎧 012 Écoute. Où habitent ces personnes ? (Plusieurs possibilités.)

a. Sanna
b. Teodora
c. Servan
d. Clément

1. habite dans une ville.
2. habite dans un village.
3. habite dans un appartement.
4. habite dans une maison.

La maison

2 💬 En groupes. Trouve des camarades qui font ces activités dans la même pièce que toi.

faire ses devoirs   regarder la télé
manger   jouer (à des jeux vidéo…)

> Moi, je fais mes devoirs dans le bureau. Et toi ?

Unité 1

🎧 006 Les meubles et objets

 le bureau
 la lampe
 le canapé
 le lit
 la chaise
 le placard
 l'étagère
 la porte
la fenêtre
 la table

MON QUOTIDIEN

🎧 008 Parler de ses déplacements

Je prends **le** bus, **le** métro…
Je me déplace **en** car, **en** métro…
à pied, **à** vélo, **à** trottinette…

🎧 007 Les moyens de transport

 l'avion
 le train
 le bateau
 le tramway = le tram
 le bus
 le vélo
 le car
 le métro
 la voiture

Les meubles et objets

3 Par deux. Dis le début d'un mot. Ton/Ta camarade dit la fin. Puis inversez les rôles.

le pla	pe
le bu	se
l'éta	lé
la lam	napé
la té	card
le ca	reau
la ta	gère
la chai	ble

dix-sept 17

Lexique et Communication

Les moyens de transport

4 Écris dans ton cahier les moyens de transport que tu utilises pour…
  a. aller en classe découverte avec le collège.
  b. aller en week-end avec tes parents.
  c. aller en Corse.
  d. visiter une grande ville.
  e. faire une promenade dans ton quartier.

> Pour aller en classe découverte avec le collège, je prends le train.

Parler de ses déplacements

5 Ton/Ta camarade dit comment il/elle se déplace dans les situations de l'activité **4**. Tu devines où il/elle va.

> Je vais à pied.

> Tu fais une promenade dans ton quartier !

Les activités quotidiennes

6 **En groupes.** Le jeu du mime. Mime une activité quotidienne. Tes camarades devinent.

> Tu te réveilles !

Les repas

7 **Par deux.** Dis une heure. Ton/Ta camarade devine le repas.

> Il est vingt heures !

> C'est l'heure du dîner.

Situer dans le temps

8 **Par deux.** Pose des questions à ton/ta camarade avec *avant*, *pendant* ou *après* pour deviner ce qu'il/elle fait le week-end. Il/Elle répond par *oui* ou *non*.

le samedi | le dimanche | le week-end

faire ses devoirs | se laver | jouer | retrouver ses ami(e)s | se coucher

le petit-déjeuner | le déjeuner | le goûter | le dîner

> Le samedi, tu fais tes devoirs **après** le déjeuner ?

> Non !

Grammaire et Verbes

Unité 1

L'interrogation avec inversion

Formation :
verbe + **-** + pronom sujet

Habites-tu dans une maison **?**

Rappel :
Tu habites dans une maison **?**
Est-ce que tu habites dans une maison **?**

! Entre un verbe qui se termine par une voyelle et le pronom sujet *il, elle, on* → **-t-**.
Combien de pièces il y **a** chez toi ?
→ Combien de pièces y **a-t-**il chez toi ?

! **Qu'est-ce que** tu fais chez toi ?
→ **Que** fais-tu chez toi ?

1 Transforme ces questions. Utilise l'interrogation avec inversion.

Ex. : *Tu as une grande maison ?*
→ *As-tu une grande maison ?*

a. Où est-ce que vous habitez ?

b. Qu'est-ce que tu préfères : la ville ou la campagne ?

c. Vous aimez votre logement ?

d. Combien d'étages est-ce qu'il y a dans ton immeuble ?

e. Est-ce que tu es contente d'habiter ici ?

2 **Par deux.** Choisis une bulle et pose la question avec inversion. Ton/Ta camarade retrouve la bulle.

Ex. :
Nous habitons dans cette ville parce que mes parents travaillent ici !
Pourquoi habitez-vous dans cette ville ?

a. *Oui, j'habite dans le centre.*

b. *Non, il n'y a pas d'immeubles dans mon village.*

c. *Oui, j'aime habiter à la campagne !*

d. *Chez moi, il y a trois pièces.*

Oui et si

	Réponse	
	affirmative	négative
Question affirmative C'est petit chez toi ?	Oui !	Non !
Question négative Vous **ne** devinez **pas** ?	**Si** !	

3 🎧 013 Écoute et réponds.

 Oui !  Si !

4 💬 **Par deux. Pose une question à ton/ta camarade sur son logement. Il/Elle répond par *oui, si* ou *non*.**

*Tu **n'**habites **pas** en ville ?* — *Non.*

Les prépositions et adverbes de lieu

Ici, / **Là,**  c'est **chez** Loïc / **chez** moi.

à côté de   dans

sur   sous

! à côté **de la** cuisine, **du** salon, **de l'**ordinateur, **des** toilettes

5 Complète avec les mots suivants.

chez • ici • à côté • dans • là • sous • sur

a. – Où est mon ordinateur ? Il n'est pas ... ?
   – Non, il est ... ! ... la table du salon.

b. – Papa, où sont mes baskets ?
   – ... ta chambre, ... ton lit !

c. – Tu vas où ?
   – ... Amélie ; elle habite ... !

dix-neuf **19**

Grammaire et Verbes

6 🎧 014 Observe la photo et écoute. Vrai ou faux ?

7 💬 Par deux. Observe la photo et fais des phrases comme dans l'exemple. Ton/Ta camarade dit si c'est vrai ou faux.

« Le bureau est à côté du lit ! » — « Vrai ! »

Les pronoms COD (le, la, l', les)

Les pronoms COD répondent aux questions « **Qui ?** » ou « **Quoi ?** ».

On **le** prend dans la grande yourte.
= On prend **le petit-déjeuner** dans la grande yourte.

On **la** prend dans la salle de bains commune.
= On prend **la douche** dans la salle de bains commune.

Des animateurs expliquent comment on **les** fabrique.
= Des animateurs expliquent comment on fabrique **les yourtes**.

❗ Avec une négation : On **ne le** prend **pas** dans notre yourte.

8 🎧 015 Écoute. Dis de quoi on parle pour chaque phrase.

1. les animaux de la région
2. le car
3. le dîner
4. le programme
5. les promenades
6. la yourte

9 Complète avec *le, la, l'* ou *les*.

a. Cette classe découverte, je … trouve très bien organisée !
b. Le car, on … prend où ?
c. Le village de La Grève-sur-Mignon, tu ne … aimes pas ?
d. Ces trois jours, on … passe dans un logement insolite !
e. Où est le programme ? Je ne … trouve pas !
f. Les articles du prof, je … regarde sur son blog !

PRONONCIATION — Les sons [u] et [y]

– **o** + **u** se prononce [u] : d**ou**che, s**ou**s…
– **u** se prononce [y] : comm**u**ne, s**u**r…

10 a. 🎧 016 Écoute. Lève la main droite quand tu entends [u] et la main gauche quand tu entends [y].

b. 🎧 017 Prononce les mots suivants puis écoute pour vérifier.

un b**u**reau • se c**ou**cher • la nat**u**re • une y**ou**rte

Le verbe *prendre*

11 🎧 018 Écoute et répète.

Je **pren**ds
Tu **pren**ds
Il/Elle/On **pren**d
Nous **pren**ons
Vous **pren**ez
Ils/Elles **prenn**ent

Autres verbes comme *prendre* : *apprendre, comprendre…*

Unité 1

12 Complète avec les verbes *prendre, apprendre* ou *comprendre*.

a. Nous ... le petit-déjeuner dans la yourte ?
b. Vos enfants ... l'espagnol au collège ?
c. Vous ... quel métro ?
d. Je ... ma douche le soir.
e. Tu ... les explications de l'animateur, toi ?
f. On ... des photos de l'atelier ?

Les verbes pronominaux *(se coucher)*

13 019 Écoute et répète.

Je **me** couche
Tu **te** couches
Il/Elle/On **se** couche
Nous **nous** couchons
Vous **vous** couchez
Ils/Elles **se** couchent

Autres verbes pronominaux : *s'appeler, se déplacer, se déshabiller, se doucher, s'habiller, se laver, se lever, se préparer, se réveiller...*

! Devant une voyelle ou un *h* muet, *me, te* et *se* → *m', t'* et *s'* : Je **m'**habille…

! Avec une négation : Je **ne me** lave **pas** le soir mais le matin.

14 Associe.

a. On
b. Vous
c. Nous
d. Je
e. Elles
f. Tu

vous / te / s' / me / se / nous

1. douchons.
2. laves ?
3. déplace en bus.
4. habillent.
5. préparez ?

15 Choisis le bon verbe et conjugue-le au présent.

a. Tu *(s'habiller / se déshabiller)* et tu vas au lit, d'accord ?
b. Ce soir, je *(se réveiller / se coucher)* tôt parce que demain j'ai cours à 8 heures.
c. Vous *(se laver / se lever)* avant ou après le petit-déjeuner ?
d. Nous, on *(se doucher / se coucher)* tous les matins. Et vous ?

Verbes en *-er* : cas particuliers

16 020 Écoute et répète.

Se l e ver

Je me l è ve
Tu te l è ves
Il/Elle/On se l è ve
Nous nous l e vons
Vous vous l e vez
Ils/Elles se l è vent

Autre verbe comme *se lever* : *se promener*.

17 021 Écoute et répète.

Préf é rer

Je préf è re
Tu préf è res
Il/Elle/On préf è re
Nous préf é rons
Vous préf é rez
Ils/Elles préf è rent

Autre verbe comme *préférer* : *répéter*.

18 Complète les verbes.

a. On se l...ve à quelle heure en classe découverte ?
b. Vous préf...rez faire une promenade à vélo ou on se prom...ne à pied ?
c. Le dimanche, nous nous l...vons après 9 heures. Pas vous ?
d. Je ne viens pas avec vous ; je préf...re être seule !
e. Mes parents se l...vent à 6 heures pour aller au travail !
f. Tu rép...tes les mêmes choses dix fois par jour !

19 Conjugue les verbes au présent.

a. (répéter) Vous ... l'adresse, s'il vous plaît ?
b. (préférer) Tu ... quelle maison ?
c. (se lever) Vous ... à six heures du matin ?
d. (répéter) Ma sœur ... tout à mes parents !
e. (préférer) Nous ... nous coucher maintenant.
f. (se lever) On ... à quelle heure, demain ?

Évaluation

Compréhension de l'écrit

1 a. Lis le mail et réponds. .../5

De : lola-bouvier@orange.fr
à : iris.martin@yahoo.fr

Coucou Iris,
Alors, tu es contente de venir passer les vacances chez moi ? Moi, je suis super contente !
On habite à côté de Bordeaux, dans un petit immeuble de trois étages. C'est un endroit très calme !
Notre appartement est grand ! Il y a trois grandes chambres : ma chambre, la chambre de mon frère et la chambre de mes parents. Mais il n'y a pas de chambre pour toi. Alors, tu préfères partager ma chambre ou aller dans le bureau ? Il y a un canapé-lit.
Viens-tu en train ou en car ? Mes parents peuvent aller te chercher en voiture quand tu arrives à Bordeaux.
À bientôt ! Lola

1. Pourquoi est-ce qu'Iris va chez Lola ?
2. Où habite Lola ?

   a. 1 Au bord de la mer.   2 Dans le centre-ville.   3 En ville.

 1    2    3

b.

3. Où peut s'installer Iris, chez Lola ?
4. Quels moyens de transport peut prendre Iris entre sa maison et Bordeaux ?

Production écrite

b. Tu invites un(e) ami(e) à venir chez toi pour les vacances. Tu lui écris un message (WhatsApp, mail…). (50 mots) .../5

Dis quel moyen de transport il/elle peut prendre pour aller chez toi. Explique où tu habites, décris ton logement…

Compréhension de l'oral

2 a. 022 Écoute Benoît et Arielle parler de leur journée du dimanche. Vrai ou faux ? Justifie. .../5

1. Benoît et Arielle se donnent rendez-vous le dimanche pour faire du sport.
2. Benoît se lève à huit heures le dimanche.
3. Le dimanche, il déjeune chez ses grands-parents.
4. Le dimanche après-midi, Arielle ne peut pas voir Benoît.
5. Ils se donnent rendez-vous chez Arielle avant le goûter.

Production orale

b. Tu fixes un rendez-vous à un(e) ami(e) pour faire vos devoirs ensemble le week-end. Vous parlez de vos activités pour trouver une heure. .../5

BALADES

Unité 2

LEÇON 3 Apprenons à parler des lieux de la ville pour présenter une transformation de notre quartier.

LEÇON 4 Apprenons à planifier une sortie pour créer une balade urbaine.

Ressources +

- Culture et Citoyenneté : Bienvenue à Paris
- Mon cours d'histoire

LEÇON 3 — Un nouveau quartier

Document

ENQUÊTE   VISITE GUIDÉE

UN JARDIN POUR LA TOUR EIFFEL

Le quartier de la tour Eiffel se transforme : Paris agrandit l'espace piéton pour son célèbre monument.

Des millions de touristes choisissent Paris comme destination de vacances pour admirer la tour Eiffel.
L'idée de la mairie de Paris ? Créer un grand parc de 1,6 kilomètre de long pour ce célèbre monument situé entre la place du Trocadéro et le jardin du Champ-de-Mars. Tout le quartier va changer : il va être piéton. Le pont d'Iéna aussi va devenir un jardin.
Les visiteurs vont pouvoir aller à pied du musée de l'Homme à la place Joffre, s'asseoir juste en face de la tour Eiffel ou se promener près de la Seine, sur le quai Branly. Et tout ça, loin du bruit des voitures et des rues de la ville !
Ça fait rêver, non ?

1 Lis le titre et l'introduction de l'article. Choisis et justifie.

1. On parle de la transformation :
   - d'un monument de Paris.
   - d'un quartier de Paris.
   - de la ville de Paris.

2. La ville de Paris veut créer :
   - un nouveau monument.
   - un grand espace de promenade.
   - un grand parc.

2 a. Lis l'article. Pourquoi est-ce que les touristes choisissent Paris pour leurs vacances ?

Les verbes du 2ᵉ groupe (choisir) : p. 33

Unité 2

b. Complète le plan avec des mots de la boîte à outils.

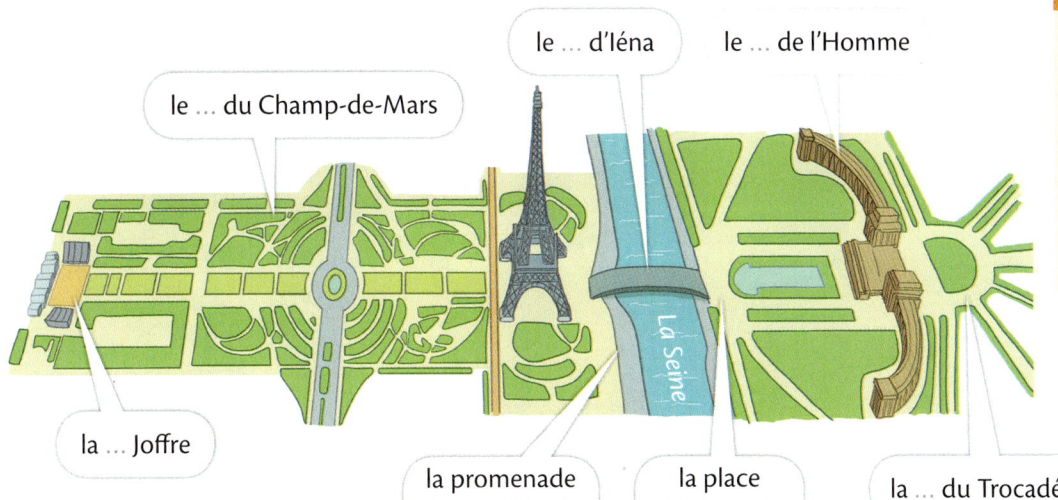

le ... du Champ-de-Mars
le ... d'Iéna
le ... de l'Homme
la ... Joffre
la promenade du quai Branly
la place de Varsovie
la ... du Trocadéro

Les lieux de la ville
la mairie
le monument
le musée
le parc / le jardin
la place
le pont
le quartier
la rue

3 Relis. Où se trouvent les lieux suivants ? Complète.
1. La tour Eiffel est ... le Trocadéro ... le Champ-de-Mars.
2. La promenade du quai Branly est ... la Seine.

4 Par deux. Observe le plan (2b) et fais deviner un lieu à ton/ta camarade.

> C'est un jardin. Il est entre la place Joffre et la Seine.

> C'est le jardin du Champ-de-Mars !

Les prépositions et adverbes de lieu

entre... et...

en face de

loin de

près de

5 Lis encore et réponds.
1. Quelles sont les deux transformations principales de ce futur quartier ?
2. Qu'est-ce qui va changer pour les visiteurs dans ce nouveau quartier ?

> Les visiteurs vont...

Le futur proche
Aller + **infinitif**
Tout le quartier **va changer**.

6 Présentons une transformation de notre quartier !

Carte mentale p. 28-29

En groupes
a. Choisissez un quartier de votre ville et imaginez des transformations.

> On va créer un grand jardin entre le musée... et...

b. Dessinez le plan du nouveau quartier et rédigez une présentation.

c. Affichez votre plan et présentez le projet à la classe.

> Nous, on choisit le quartier de...
> Dans ce quartier, ...

LEÇON 4 — Balade urbaine à Lyon

Document 1 🎧 023

Lucie et son frère Arthur sont dans un parc. Ils sont en train de regarder leur téléphone portable. Ils rencontrent Maylis.

1 Observe la photo et lis la phrase d'introduction.
1. Qui sont les personnes ?
2. Où sont-elles ?

2 a. 🎧 023 Écoute. Qu'est-ce que Lucie et Arthur font quand Maylis arrive ?

b. 💬 Et toi, qu'est-ce que tu es en train de faire maintenant ?

> **Le présent continu**
> Je **suis**
> On **est** } **en train de** + infinitif
> Ils **sont**

3 🎧 023 Réécoute.

a. Vrai ou faux ? Justifie.
1. Lucie et Arthur ont une idée de sortie originale.
2. Maylis fait quelque chose samedi.
3. Lucie et Arthur sont avec leurs parents le samedi.

b. Associe et justifie.

- Maylis
- Lucie et Arthur
- Arthur

1. propose/proposent une sortie.
2. n'est/ne sont pas libre(s) dimanche.
3. accepte/acceptent la proposition pour samedi.

> **La négation avec *rien* et *personne***
> On trouve **quelque chose**.
> ≠ On **ne** trouve **rien**.
>
> Il y a **quelqu'un**.
> ≠ Il **n'**y a **personne**.

> **Proposer / Accepter / Refuser une sortie**
> Vous voulez venir avec nous ?
> Ça te/vous dit ?
> ▸ Oui, je veux bien !
> ▸ Oui, pourquoi pas ?
> ▸ Je ne peux pas.
> = Je ne suis pas libre.
>
> Le verbe *vouloir* : p. 33

c. 💬 **Par deux.** Propose une sortie à ton/ta camarade. Il/Elle accepte ou refuse. Jouez la scène.

26 vingt-six

Unité 2

Document 2

CITYCRUNCH — MANGER · BOIRE · BOUGER · S'INSTALLER · SE BALADER

Direction le quartier de Fourvière et sa petite « tour Eiffel ». Eh oui, on est bien à Lyon ! Départ de la passerelle Saint-Georges et arrivée à la gare Saint-Paul.

Étape 1. D'abord, on traverse la Saône et on admire la belle église Saint-Georges. Ensuite, on prend la rue Saint-Georges, à droite, puis on continue tout droit. On arrive place de la Trinité et son célèbre théâtre de Guignol. Enfin, on tourne à gauche dans la rue du Gourguillon. Attention, ça monte jusqu'aux théâtres romains !

4 Observe le plan, lis et choisis. Le site propose :
1. un itinéraire pour aller à la tour Eiffel.
2. une promenade dans un quartier de Lyon.

5 Relis.
a. Complète le nom de ces lieux.

1 … romains   2 … Saint-Georges   3 … Saint-Paul   4 … de Guignol

Les lieux de la ville
l'église
la gare
le théâtre

b. Dans quel ordre on peut voir les lieux de l'activité **5a** pendant la balade ? Utilise la boîte à outils « Indiquer la chronologie ».

> D'abord, on peut voir…

Indiquer la chronologie
D'abord, …
Ensuite, … / Puis…
Enfin, …

6 Lis encore. Quel est l'itinéraire de l'étape 1 ?

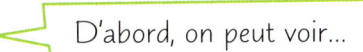

Indiquer un itinéraire
Prendre la rue… } à droite
Tourner } à gauche
Continuer tout droit →

7 ✏️💬 **Créons une balade urbaine !**

Carte mentale p. 28-29

En groupes
a. Tracez un itinéraire sur le plan de votre ville.
b. Rédigez l'itinéraire et indiquez les lieux à visiter.

> D'abord, on traverse la rue…

c. Affichez votre itinéraire et présentez votre balade urbaine à la classe. La classe vote pour la meilleure balade.

Lexique et Communication

Les lieux de la ville 🎧 024

- l'arrêt de bus
- l'église
- la gare
- le jardin / le parc
- la mairie
- le monument
- le musée
- la place
- le pont
- le quartier
- une rue (piétonne)
- la station de métro
- le théâtre
- le trottoir

Proposer / Accepter / Refuser une sortie 🎧 025

Proposer

Je vais faire une balade. Ça te dit ?
Tu veux venir ?
Qu'est-ce que tu fais samedi ? Tu es libre ?

Accepter
- Oui, je veux bien !
- Oui, pourquoi pas ?
- Bonne idée !
- Je suis libre. / Je ne fais rien.

Refuser
- Non, désolé(e), je ne peux pas.
- Je ne suis pas libre.

MOI ET

Les lieux de la ville

1. Par deux. Le jeu de la ville. Observez ce quartier et nommez le plus vite possible le maximum de lieux.

   « Dans ce quartier, il y a… »

Unité 2

MA VILLE

027 Demander et indiquer un itinéraire

Où est la place de la Trinité ?
Comment on fait pour aller à Fourvière ?

▸ Tu tournes à droite.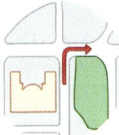

▸ Tu tournes à gauche.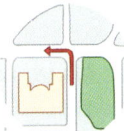

▸ Tu continues tout droit.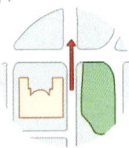

▸ Tu traverses le pont.

▸ Tu prends la rue du Gourguillon.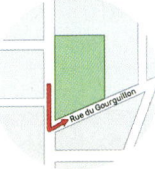

026 Indiquer la chronologie

D'abord, on traverse la Saône.
Ensuite, / **Puis** on continue tout droit.
Enfin, on tourne à gauche.

2 028 Écoute. Dans quel lieu est-ce qu'on se trouve ? Choisis.

a. une église • une gare • un trottoir
b. un théâtre • un arrêt de bus • une station de métro
c. un musée • une église • un théâtre
d. une église • un musée • une mairie
e. une gare • un jardin • une station de métro
f. un arrêt de bus • un trottoir • une rue piétonne

vingt-neuf 29

Lexique et Communication

Proposer / Accepter / Refuser une sortie

3 🎧 029 Écoute les mini-dialogues et associe.

a. La fille…
   Le garçon…
b. La fille…
   Le garçon…
c. La fille…
   Le garçon…
d. La fille…
   Le garçon…

1. propose une promenade.
2. propose une sortie au théâtre.
3. propose une sortie dimanche.
4. propose d'aller au parc.
5. accepte la proposition.
6. refuse la proposition.

4 💬 Par deux. Fermez les yeux et choisissez chacun(e) un numéro entre 1 et 6. Créez un dialogue avec les répliques correspondant aux numéros.

Indiquer la chronologie

5 Observe le plan et mets l'itinéraire dans l'ordre.

a. Enfin, tu arrives chez moi.
b. Ensuite, tu passes à côté d'un arrêt de bus.
c. D'abord, tu arrives à la station de métro.
d. Puis tu marches pendant 5 minutes.

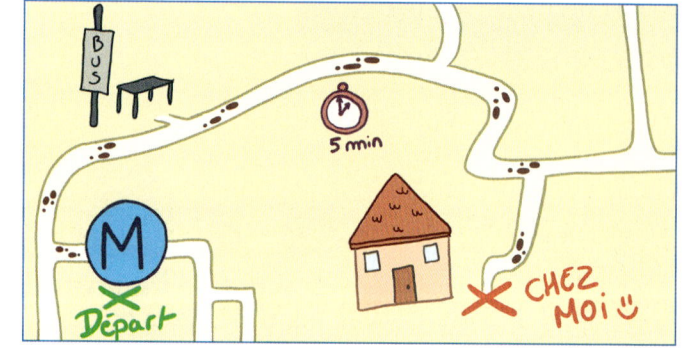

Demander et indiquer un itinéraire

6 🎧 030 Écoute et montre l'itinéraire sur le plan de Rennes.

7 💬 Par deux. Choisis un point d'arrivée sur le plan de Rennes.
Ton point de départ est le métro République.
Indique l'itinéraire à ton/ta camarade.
Il/Elle devine où tu vas.

> Je suis à la station de métro République…

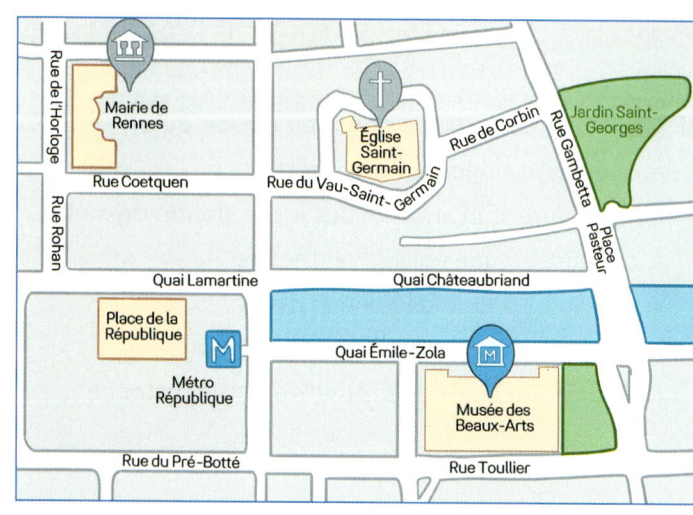

Grammaire et Verbes

Unité 2

Les prépositions et adverbes de lieu

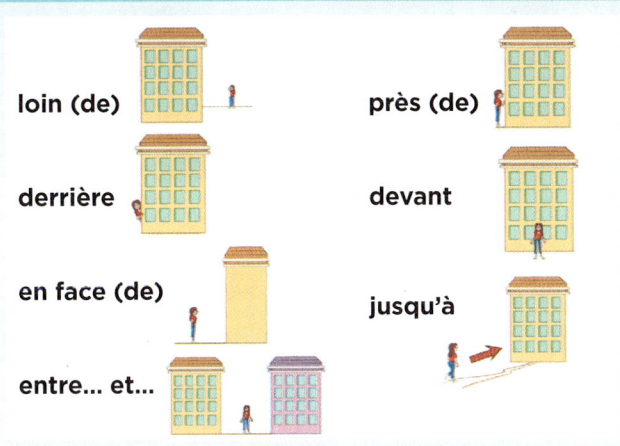

loin (de) • près (de) • derrière • devant • en face (de) • jusqu'à • entre... et...

! **loin de l'**église, **en face du** parc, **près de la** gare, **jusqu'à la** gare / **au** parc / **à l'**église / **aux** théâtres romains

! L'église est **sur** la place / **dans** la rue Saint-Georges.

1 En groupes. Le jeu des devinettes. Observez la ville. Chacun(e) fait deviner un lieu à ses camarades.

— Ce lieu est sur la place, près de la mairie.
— Le musée ?
— Le théâtre ?

2 Complète.
du • de la • le • la • au • à l' • du • la

a. Tu habites près ... gare ?
b. L'église se trouve en face ... musée.
c. Tu vas jusqu' ... arrêt de bus.
d. Vous passez devant ... place et vous allez jusqu' ... parc.
e. La mairie est entre ... jardin et ... station de métro.
f. C'est loin ... théâtre ?

Le futur proche

Le futur proche exprime une action qu'on a l'intention de faire.

Formation : aller au présent + infinitif

Je **vais** faire
Tu **vas** faire
Il/Elle/On **va** faire   } une balade.
Nous **allons** faire
Vous **allez** faire
Ils/Elles **vont** faire

! Avec les verbes pronominaux :
Je **vais me** promener. Tu **vas te** promener.

! Avec une négation : Je **ne vais pas** faire de balade.

3 🎧 031 Écoute. Tu entends le présent ou le futur proche ?
Ex. : *J'entends le futur proche.*

4 Par deux. Ton/Ta camarade dit un numéro. Tu conjugues le verbe au futur proche.
1. Je vais.
2. Nous avons.
3. Vous visitez.
4. Elle vient.
5. Tu peux.
6. Ils prennent.

5 Observe les situations. Que vont faire ces personnes ? Utilise les verbes suivants.

se promener • transformer • visiter • prendre

A — Je ... .

B — Ils ... .

C — On ... .

D — Nous ... .

trente et un 31

Grammaire et Verbes

Le présent continu

Le présent continu exprime une action présente en cours de réalisation.

Formation :
être au présent + **en train de** + infinitif

On **est en train de** chercher des idées de sortie.

! Avec les verbes pronominaux :
Je **suis en train de me** promener.
Tu **es en train de te** promener.

6 Transforme les phrases au présent continu.
a. J'organise une sortie avec mes amis.
b. Qu'est-ce que vous regardez ?
c. Tu te promènes dans le parc ?
d. On visite la ville.
e. Marie et Nino font une balade ?
f. Nous admirons ce nouveau quartier.

7 **En groupes. Le jeu du mime.**
Mime une action que tu fais en ville. Tes camarades devinent ce que tu es en train de faire.

Tu es en train de prendre le bus !

8 Observe les dessins. Complète avec *être en train de* ou *aller* conjugués au présent.

A Cléa ... faire du roller.   B Il ... marcher dans la rue.

C Ils ... visiter le musée.   D Nous ... prendre le train.

La négation avec *rien* et *personne*

sujet + **ne/n'** + verbe + **rien** ou **personne**

Vous trouvez **quelque chose** ?
▶ Non, (on **ne** trouve) **rien**.

Il y a **quelqu'un** à la maison ?
▶ Non, (il **n'**y a) **personne**.

rien ou **personne** + **ne/n'** + verbe

Rien n'est original.
Personne ne vient.

! **rien** ou **personne** + **de/d'** + adjectif ou adverbe :
On ne trouve **rien d'**original, **rien de** bien.

9 Mets les mots dans l'ordre.
a. personne / n' / dans / a / rue ! / la / y / Il
b. ne / Je / aujourd'hui ! / rien / fais
c. quartier. / ne / dans / va / ce / Personne
d. cette / n' / a / de / Il / rue. / dans / spécial / rien / y
e. ici. / habite / Personne / n'

10 Réponds aux questions à la forme négative.
Ex. : *Vous faites quelque chose cet après-midi ?*

Non, nous ne faisons rien.

a. Quelqu'un va en ville avec toi ?

Non, ...

b. Quelque chose va changer dans la ville ?

Non, ...

c. Il y a quelque chose d'intéressant à visiter ici ?

> Non, il ... .

d. Quelqu'un va se promener avec toi ?

> Non, ...

PRONONCIATION | Le son [r]

11 🎧 032 **Écoute et répète ces mots.**
rien • personne • derrière • près • entre • rue • traverser • quartier

12 a. Prononce ces phrases.
1. Raphaël est en train de faire un tour.
2. Rose traverse la rue des Marronniers.
3. Personne ne se promène derrière le théâtre.

b. 🎧 033 **Écoute pour vérifier.**

Les verbes du 2ᵉ groupe (choisir)

13 🎧 034 **Écoute et répète.**

Je **chois**is
Tu **chois**is
Il/Elle/On **chois**it
Nous **choisiss**ons
Vous **choisiss**ez
Ils/Elles **choisiss**ent

Autres verbes du 2ᵉ groupe comme *choisir* : *finir, (s')(a)grandir...*

14 Complète avec (a)grandir, finir ou choisir au présent.
a. Avec cette nouvelle rue, le quartier s' ... !
b. Vous ... d'aller au parc ou au musée ?
c. Tu ... ta promenade et tu rentres à la maison ?
d. Maria et moi, nous ... ce quartier pour la balade !
e. Mes frères ... : ils peuvent aller au collège seuls !

Le verbe *vouloir*

Le verbe *vouloir* est suivi d'un **nom** ou d'un **infinitif**.
Nous **voulons** un nouveau skatepark.
Tu **veux** venir ?

15 🎧 035 **Écoute et répète.**

Je v**eu**x
Tu v**eu**x
Il/Elle/On v**eu**t
Nous v**oul**ons
Vous v**oul**ez
Ils/Elles v**eul**ent

16 🎧 036 **Écoute les formes verbales et dis le ou les pronoms sujets correspondants.**

17 Réponds avec le verbe *vouloir*.

a. Tu veux faire une sortie ce week-end ?

> Oui, je ... bien !

b. Léa veut habiter dans ce nouveau quartier ?

> Léa, non, mais ses sœurs ... changer de quartier !

c. Vous ne voulez pas prendre le bus ?

> Non, on ... prendre le métro !

d. Vous voulez aller en ville ?

> Oui, nous ... aller dans le centre !

Évaluation

Compréhension de l'écrit

1 a. Lis l'échange de SMS. Vrai ou faux ? Justifie. .../5

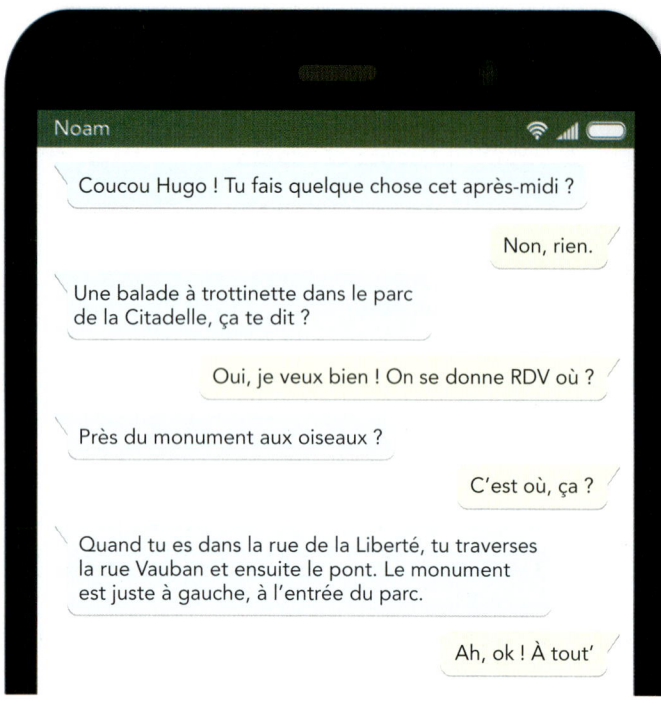

1. Hugo est libre cet après-midi.
2. Noam propose de visiter un monument.
3. Le rendez-vous est à côté d'un monument.
4. Pour arriver au monument, on traverse un pont puis une rue.
5. Le monument est à l'entrée du parc, à droite.

Production écrite

b. Tu proposes une sortie à un(e) camarade. Écris un message et indique comment aller au lieu de rendez-vous. (60 mots) .../5

Compréhension de l'oral

2 a. 037 Léa et Arthur participent à une enquête sur leur lieu de vie. Écoute et réponds. .../5

1. Qui habite en ville ?
2. Qu'est-ce qu'il n'y a pas dans le lieu de vie de Léa ?
3. Qu'est-ce qu'Arthur aime dans son lieu de vie ?
4. Qu'est-ce qui va changer dans le lieu de vie de Léa ?
5. Qu'est-ce qui est difficile pour Arthur ?

Production orale

b. Tu participes à l'enquête : « Tu aimes ton lieu de vie ? » Explique où tu habites et présente les différents lieux et les sorties à faire près de chez toi. Dis ce que tu aimes ou n'aimes pas. .../5

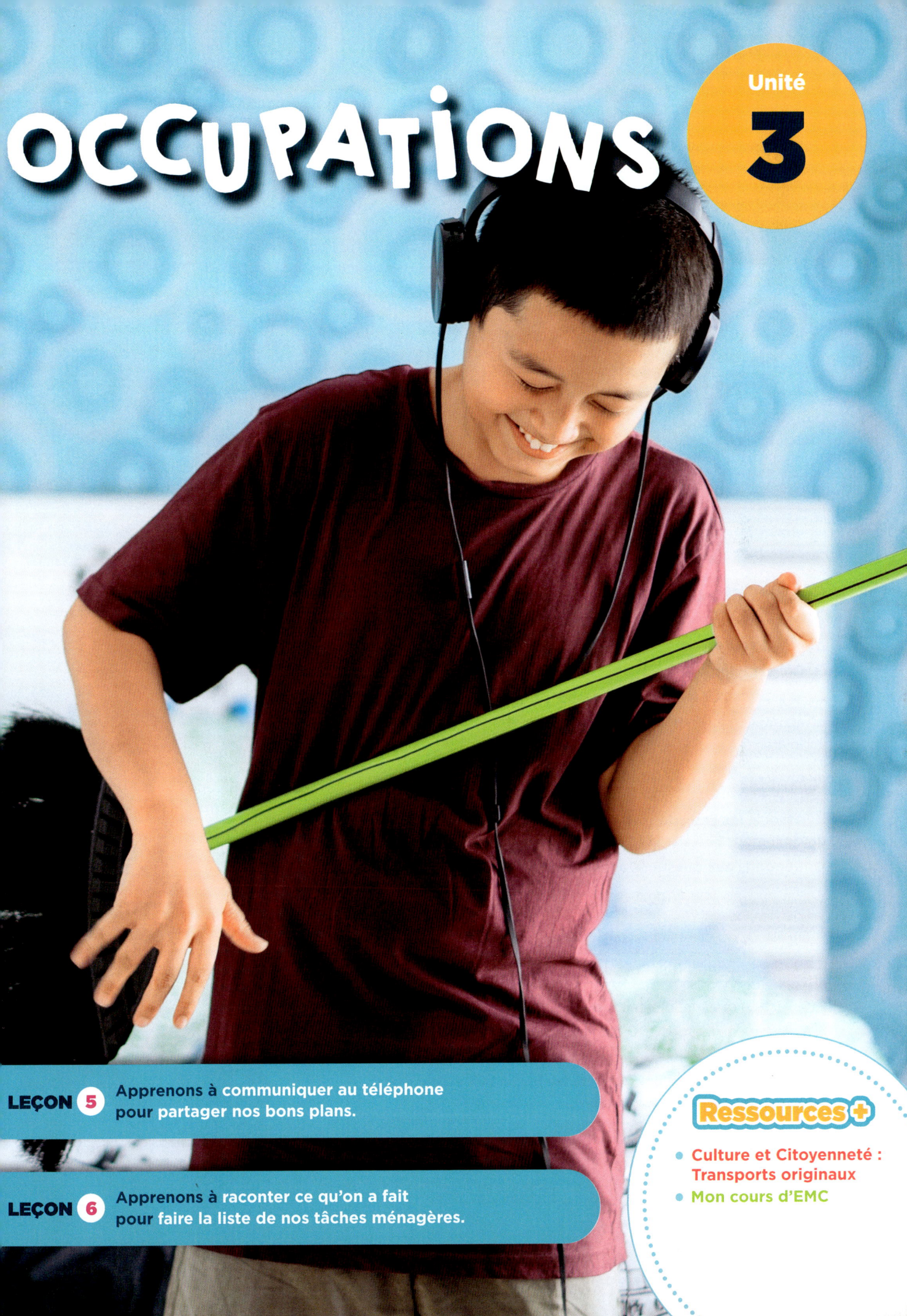

OCCUPATiONS

Unité 3

LEÇON 5 Apprenons à communiquer au téléphone pour partager nos bons plans.

LEÇON 6 Apprenons à raconter ce qu'on a fait pour faire la liste de nos tâches ménagères.

Ressources +
- Culture et Citoyenneté : Transports originaux
- Mon cours d'EMC

LEÇON 5 — Vous avez fait quoi ?

Document 1 🎧 038

Nora appelle Mehdi chez lui. Le père de Mehdi répond.

1 Lis la phrase d'introduction. Qui téléphone à qui ? qui répond ?

2 🎧 038 Écoute.
   a. Qui est Pilar ?
   b. Vrai ou faux ? Nora appelle Mehdi pour…
   1. raconter sa journée d'hier.
   2. l'inviter.

3 🎧 038 Réécoute.
   a. Associe les lieux de sortie de la boîte à outils aux photos du document 1.
   b. Réponds aux questions avec les verbes suivants.

   faire   ranger   visiter   finir   aller (×2)

   1. Qu'est-ce que Nora et Pilar ont fait hier ?
      ▸ Hier, Nora et Pilar ont fait un Escape Game.
   2. Qu'est-ce que Mehdi a fait hier ?
   3. Qu'est-ce qu'ils vont faire cet après midi ?

4 a. 🎧 038 Écoute encore. Associe les bulles aux expressions équivalentes de la boîte à outils.

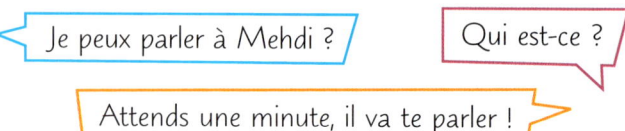

   b. 💬 **Par deux.** Jouez la scène.

Les lieux de sortie

un Escape Game
le centre commercial
le centre-ville
le cinéma (le ciné)

Le passé composé avec *avoir*

avoir au présent + **participe passé**
Qu'est-ce que tu **as fait** ?
▸ On a visité *(visiter)*
▸ J'ai fini *(finir)*

Communiquer au téléphone

– Allô ?
– Bonjour monsieur. Est-ce que Mehdi est là, s'il vous plaît ?
– C'est de la part de qui ?
– C'est Nora.
– Ne quitte pas, je te le passe.

Unité **3**

Document 2

5 cinq FOURCHETTES   AGENDA   RECETTES   **TOURISME**   COUPS DE CŒUR

http://www.cinqfourchettes.com

3 idées d'activités à faire avec vos ados à Laval, au Québec

Pendant les vacances, je suis allée au centre commercial **Centropolis** avec mon mari et mes deux enfants, Pierre (10 ans) et Jeanne (14 ans).
Notre journée a commencé à **MONT VR**, un centre de réalité virtuelle. Les enfants ont adoré ! Mais moi, je déteste les jeux vidéo et je suis sortie avant la fin !
Ensuite, on est allés à **MAEVA SURF**. On est tous montés sur des planches de surf et Pierre est souvent tombé ! 🙂
On a fini notre journée « aventure » à **SKY VENTURE**. Nous sommes entrés dans une cabine pour apprendre à voler. Super expérience et super journée !

Vous avez d'autres idées de sorties ?
Laissez vos témoignages sur mon blog : « Les bons plans d'une mère de famille » !

5 Lis le blog et réponds.
1. Qui écrit ?
2. Quel est le sujet ?

6 a. Relis et observe les photos. La famille a fait les activités dans quel ordre ?

A   B   C

b. Lis encore. Retrouve les actions correspondant aux dessins.

1   2   3

Le passé composé avec *être*

être au présent + **participe passé**
▶ Il est tomb**é** *(tomber)*
▶ Je suis sorti(**e**) *(sortir)*
▶ On est monté(**es**) *(monter)*
▶ Nous sommes entré(**e**)s *(entrer)*

7  **Partageons nos bons plans !**

Carte mentale p. 40-41

En groupes
a. Raconte à tes camarades une sortie en famille ou entre amis.
b. Choisissez les meilleures sorties et écrivez un témoignage pour les présenter.
c. Présentez vos bons plans à la classe.

Hier, Leo et sa famille sont allés… ils ont…

LEÇON 6 — Tâches ménagères !

Document

http://www.lesados.fr

À LA UNE   ACTU   COLLÈGE   CULTURE   PERSO

Es-tu un(e) ado « zéro défaut » ?

**Beaucoup d'ados détestent les tâches ménagères. Mais il y a des exceptions !
Et toi ? Es-tu un(e) ado « zéro défaut » ? Raconte !**

Adrienne 09:15
Une ado zéro défaut ? Eh bien, pas moi ! Je déteste les tâches ménagères ! Hier, par exemple, je n'ai pas fait la vaisselle et ça a fait un drame 😕 ! Les tâches ménagères, ce n'est pas pour moi !

Marius 10:09
Moi non plus, je ne suis pas un ado zéro défaut. Aujourd'hui, par exemple, il est 10 h et je n'ai pas encore fait mon lit !

Zora 11:56
Moi si, je suis une ado zéro défaut ! 🙂 Je fais beaucoup de choses à la maison ! Samedi dernier, j'ai rangé ma chambre. Avant-hier, j'ai vidé le lave-vaisselle et j'ai mis la table. Et ce matin, j'ai déjà promené le chien. Moi, j'aime bien aider mes parents !

Arnaud 18:51
Moi aussi, j'aime bien aider : la semaine dernière, par exemple, j'ai fait le ménage avec mon père ! Mais bon… je ne suis pas un ado zéro défaut ! 🙂

1 Observe le forum, lis l'introduction et réponds.
1. Quel est le sujet ?
2. Que signifie être un(e) ado « zéro défaut » ? Choisis.
   - Aider ses parents à la maison.
   - Ne pas aider ses parents à la maison.

2 Lis le forum.

a. Associe. (Plusieurs possibilités.)

Adrienne   1. participe aux tâches ménagères.
Zora   2. ne veut pas faire de tâches ménagères.
Arnaud   3. est un(e) ado « zéro défaut ».

b. Observe les photos. De quelles tâches ménagères s'agit-il ?

1

2

3

4

5

6

Les tâches ménagères
faire le ménage
faire la vaisselle
faire son lit
mettre la table
promener le chien
ranger sa chambre
vider le lave-vaisselle

Unité 3

3 a. Relis. Qu'est-ce qu'ils ont fait ? Qu'est-ce qu'ils n'ont pas fait ? Quand ?

Zora   Adrienne   Arnaud

faire le ménage   faire la vaisselle   mettre la table
ranger sa chambre   vider le lave-vaisselle

> Samedi dernier, Zora a rangé sa chambre.

Situer dans le passé
hier
avant-hier
samedi dernier
la semaine dernière

b. Et toi ? Tu as fait quelles tâches ménagères ? Quand ?

> La semaine dernière, j'ai rangé ma chambre.

4 Lis encore. Vrai ou faux ? Justifie.
1. À 10 h 09, Marius n'a pas fait son lit.
2. À 11 h 56, Zora n'a pas promené le chien.

Déjà / Pas encore
J'ai **déjà** promené le chien.
Je **n**'ai **pas encore** fait mon lit.

5 a. Que répondent les ados à la question : Es-tu un(e) ado « zéro défaut ? » ?
- **Adrienne** : Une ado zéro défaut ? … !
- **Marius** : … !
- **Zora** : … !
- **Arnaud** : *Moi aussi !*

Réagir
Pas moi !
Moi non plus !
Moi si !
Moi aussi !

b. En groupes. Répondez aux questions.
1. Quelles tâches ménagères fais-tu à la maison ?

> Je vide le lave-vaisselle.   Pas moi, je ne vide jamais le lave-vaisselle.

2. Qu'est-ce que tu as déjà fait aujourd'hui ?

> Ce matin, j'ai déjà…   Moi aussi !

3. Qu'est-ce que tu n'as pas encore fait aujourd'hui ?

> …   …

6 **Faisons la liste de nos tâches ménagères !**

Carte mentale p. 40-41

a. Tu as fait quelles tâches ménagères la semaine dernière ? Fais la liste.

b. En groupes. Échangez puis faites un tableau commun.

Tâches	Nombre d'élèves
vider le lave-vaisselle	3
ranger sa chambre	2

> La semaine dernière, j'ai vidé le lave-vaisselle, j'ai…

> La semaine dernière, trois élèves ont vidé le lave-vaisselle. Deux élèves ont rangé leur chambre…

c. Présentez votre tableau à la classe.
d. Votez pour le groupe « Ados zéro défaut ».

Lexique et Communication

🎧 039 Les lieux de sortie

- la bibliothèque
- le centre commercial
- le centre-ville
- le cinéma (le ciné)
- un Escape Game
- la piscine
- la patinoire
- le stade

🎧 040 Communiquer au téléphone

Allô ?
> Allô ?

Bonjour (monsieur / madame). Est-ce que Mehdi est là, s'il vous plaît ?
Est-ce que je peux parler à Zoé, s'il vous plaît ?
> C'est de la part de qui ?

C'est Nora.

> Ne quitte pas. Je te le/la passe.
> Désolé(e), il/elle n'est pas là.

MOI ET

Les lieux de sortie

1 Trouve le nom des lieux de sortie.

  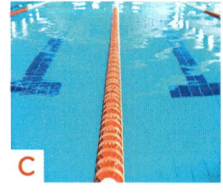   

A B C D E F

un/l' …

2 🎲 **En groupes. Le jeu du mime.**
Mime une action que tu fais dans un lieu de sortie.
Tes camarades devinent le lieu.

La patinoire !

Unité 3

Situer dans le passé 🎧 042

hier
avant-hier

samedi
le week-end ⎫ dernier
le mois
l'an

la semaine ⎫ dernière
l'année

Les tâches ménagères 🎧 041

 faire le ménage

 promener le chien

 faire la vaisselle

 ranger sa chambre

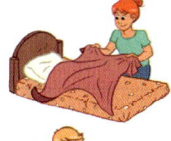 faire son lit

 vider le lave-vaisselle

 mettre la table ≠ débarrasser la table

MES OCCUPATIONS

Réagir 🎧 043

Je suis un(e) ado zéro défaut.
- ➤ Moi **aussi** !
- ➤ **Pas** moi !

Je **ne** suis **pas** un(e) ado zéro défaut.
- ➤ Moi **si** !
- ➤ Moi **non plus** !

Communiquer au téléphone

3  044 Écoute les conversations téléphoniques et réponds aux questions. Aide-toi des mots proposés.

      la mère de...

Conversation 1
a. Qui appelle ?
b. À qui veut-il/elle parler ?
c. Qui répond ?
d. Peut-il/elle parler avec son ami(e) ?

Conversation 2
a. Qui appelle ?
b. À qui veut-il/elle parler ?
c. Qui répond ?
d. Peut-il/elle parler avec son ami(e) ? Pourquoi ?
e. Que va faire la personne qui appelle ?

quarante et un 41

Lexique et Communication

4 Mets dans l'ordre les deux conversations téléphoniques.

Conversation 1   1. *b.* ; 2. …

a. C'est Iliam, un copain.
b. Allô ?
c. Ne quitte pas, Iliam. Je te passe Lina.
d. Allô, Lina ?
e. Non, c'est sa mère. C'est de la part de qui ?

Conversation 2   1. *d.* ; 2. …

a. Désolée, il est à l'atelier photo !
b. Est-ce qu'Idrys est là, s'il vous plaît ?
c. Bonjour Tara !
d. Allô ? Bonjour madame ; c'est Tara !
e. D'accord ! Merci !

Les tâches ménagères

5 🎧 045 Écoute. Qu'est-ce qu'ils vont faire ?

débarrasser la table • ~~faire son lit~~ • mettre la table • promener le chien • ranger sa chambre

Ex. : « Benjamin, il est 7 h 30 ! Lève-toi ! » → Benjamin va *faire son lit*.

a. Zoé va …
b. Noah va …
c. Aziza et Lamia vont …
d. Ils vont …

Situer dans le passé

6 🎧 046 Observe le calendrier. Écoute et complète avec les mots suivants.

Hier • La semaine dernière • ~~Mercredi dernier~~ • Vendredi dernier •
Le week-end dernier • Avant-hier • Le mois dernier

Ex. : *Mercredi dernier*, on a visité le centre de Paris en Segway.

a. …, on est allés au cinéma.
b. …, j'ai vu un match au Stade de France.
c. …, on est allés à Paris.
d. …, on a joué au foot dans le parc.
e. …, on est allés à la piscine.
f. …, j'ai fait mes devoirs à la bibliothèque.

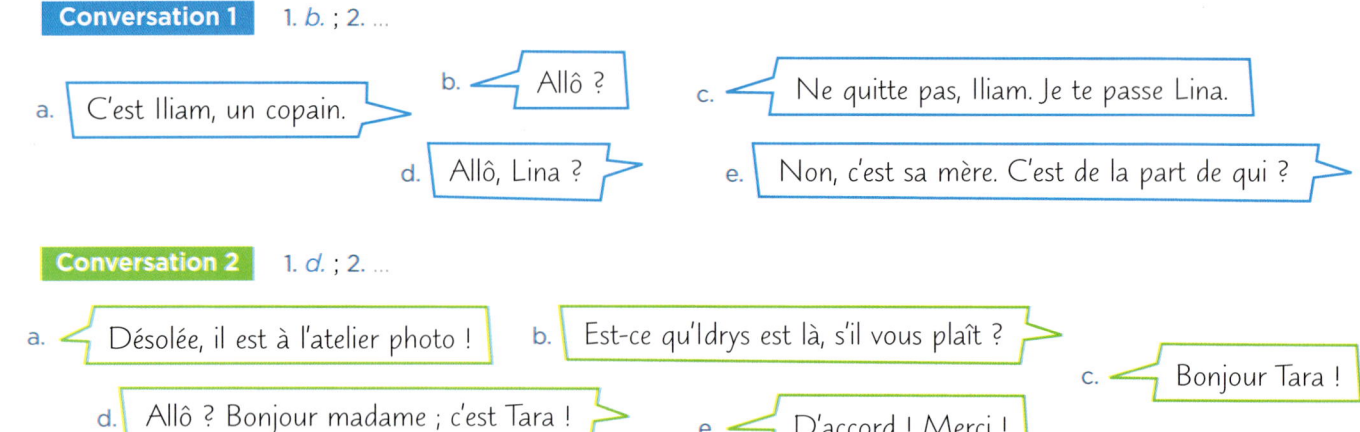

Réagir

7 💬 En groupes. Qu'est-ce que tu as fait ou n'as pas fait le week-end dernier ? Compare avec tes camarades.

aller au cinéma • ranger ma chambre • faire mon lit • préparer le petit-déjeuner • sortir avec mes copains • téléphoner à mes grands-parents • aller à la piscine

— Le week-end dernier, je ne suis pas allé au cinéma.
— Moi non plus.
— Moi, si !

Grammaire et Verbes

Unité 3

Le passé composé avec *avoir*

Le passé composé s'utilise pour parler d'actions passées.

Formation :
auxiliaire **avoir** au présent + **participe passé**

J'**ai**
Tu **as**
Il/Elle/On **a**   **visité** le centre-ville.
Nous **avons**   **rangé** la chambre.
Vous **avez**   **fini** les devoirs.
Ils/Elles **ont**

1 a. 🎧 047 Écoute. Lève la main quand tu entends le passé composé.

b. 🎧 047 Réécoute et répète les phrases au passé composé.

2 💬 En groupes. Choisis et dis une forme verbale. Tes camarades lèvent la main quand le verbe est au passé composé.

- je déjeune / j'ai déjeuné
- je propose / j'ai proposé
- je discute / j'ai discuté
- je travaille / j'ai travaillé
- je prépare / j'ai préparé
- je partage / j'ai partagé
- je présente / j'ai présenté

3 Mets les mots dans l'ordre.

a. vous / Qu'est-ce que / fait, / hier / après-midi ? / avez
b. ai / avec / centre-ville / copine ! / j' / le / Moi, / une / visité
c. a / a / après / chambre ! / devoirs / et / fini / on / Nous, / nos / notre / on / rangé
d. j' / Et moi, / fait / promené / ai / le / ai / j' / chien / vaisselle / la / et

Le participe passé

Formation des participes passés réguliers

▶ **Verbe en -er :** radical de l'infinitif + **-é**
  visiter → visit- → visit**é**
  ranger → rang- → rang**é**

▶ **Verbe en -ir :** radical de l'infinitif + **-i**
  finir → fin- → fin**i**

! Quelques participes passés irréguliers avec *avoir*
  avoir > **eu**   faire > **fait**   prendre > **pris**
  dire > **dit**   mettre > **mis**   voir > **vu**
  être > **été**   pouvoir > **pu**   vouloir > **voulu**

4 💬 Par deux. Choisis un sujet et un numéro entre 1 et 6. Pose une question à ton/ta camarade. Il/Elle répond.

Tu · Ton père · Ta mère · On · Nous · Vous · Tes copains · Tes copines

1. chatter 2. déjeuner 3. donner 4. envoyer 5. finir 6. parler

— Tu as chatté, hier ?
— Oui, j'ai chatté avec Léo.

5 🎧 048 Écoute les phrases puis écris dans ton cahier le participe passé et l'infinitif correspondant.
Ex. : pu → *pouvoir*

6 💬 Quels verbes ont un participe passé irrégulier ?
Ex. : faire → *fait*

travailler · ~~faire~~ · mettre · fêter · avoir · prendre · organiser · dire · pouvoir · voir

7 🎧 049 💬 Écoute les phrases et transforme-les au passé composé.
Ex. : *Je dîne avec un copain.*

J'ai dîné avec un copain.

quarante-trois **43**

Grammaire et Verbes

Le passé composé avec *être*

Formation :
auxiliaire **être** au présent + **participe passé**
Pierre **est** souvent **tombé**.

▶ On utilise l'auxiliaire **être** avec :
– 11 verbes de mouvement et leurs composés :
aller, arriver, descendre, entrer (rentrer), monter, partir (repartir), passer, retourner, sortir, tomber et *venir (revenir...)*
– *mourir, naître, rester*
– les verbes pronominaux.

▶ Le participe passé s'accorde avec le sujet.
Je suis allé**e** au centre commercial.
(**Je** = féminin singulier)

Nous sommes entré**s** dans une cabine.
(**Nous** = masculin pluriel)

Nous nous sommes bien amusé**es**.
(**Nous** = féminin pluriel)

8 Choisis l'option correcte.

a. Qu'est-ce que tu **as** / **es** mangé aujourd'hui ?
b. Vous **avez** / **êtes** sortis avant la fin ?
c. Pilar **a** / **est** venue avec toi ?
d. À quelle heure il s'**a** / **est** levé ?
e. Mehdi **a** / **est** téléphoné à Nora ?
f. Où elles **ont** / **sont** allées ce week-end ?
g. Nous nous **avons** / **sommes** bien amusés !
h. Pilar **a** / **est** restée une semaine chez Nora.

9 🎧 050 Écoute et écris les participes passés dans ton cahier. Attention aux accords !
Ex. : *monter* → *montés*

a. sortir
b. s'amuser
c. aller
d. rester
e. passer
f. entrer

10 💬 En groupes. Choisis un participe passé et fais une phrase. Tes camarades corrigent si nécessaire.

levée • sortie • restés • venues • parti • amusés • arrivées • tombés

> Ma mère s'est levée à 7 heures.

11 Conjugue les verbes au passé composé.

Lucille
Coucou Nora ! Qu'est-ce que tu … (*faire*) ce week-end ?

J'… (*appeler*) Mehdi et on … (*aller*) au cinéma.

Ah ! Et qu'est-ce que vous … (*voir*) comme film ?

La Vie scolaire : génial ! On … (*bien s'amuser*) ! Et toi, tu … (*sortir*) ?

Non, moi je … (*rester*) à la maison. J'… (*finir*) mes devoirs pour demain.

La négation avec le passé composé

Formation :
ne/**n'** + auxiliaire + **pas** + participe passé

J'ai fini mes devoirs. → Je **n'**ai **pas** fini mes devoirs.
Je suis sorti(**e**). → Je **ne** suis **pas** sorti(**e**).

Unité 3

12 **En groupes.** Choisis un verbe et pose une question au passé composé à un(e) camarade. Il/Elle répond négativement.

sortir • prendre • aller • faire • entrer • rester • inviter • appeler • pouvoir • mettre • voir

> Tu es sorti(e) le week-end dernier ?

> Non, je ne suis pas sorti(e) le week-end dernier !

Déjà / Pas encore

J'ai **déjà** promené le chien.
≠ Je **n'**ai **pas encore** promené le chien.

Rappel :
ne/n' + auxiliaire + **jamais** + participe passé
Je **n'**ai **jamais** fait la vaisselle.

13 **En groupes.** Observe la liste de tâches de Karim. Dis ce qu'il a fait ou n'a pas encore fait. Tes camarades disent si c'est vrai ou faux.

- ☐ Faire le devoir de géo
- ☐ Aller chercher le vélo de papa
- ☒ Ranger le salon
- ☐ Prendre une douche
- ☐ Mettre la table
- ☒ Demander des nouvelles de grand-père
- ☐ Acheter un casque audio pour Lucie
- ☒ Vider le lave-vaisselle
- ☒ Envoyer un mail à l'association sportive
- ☐ Passer dire bonjour à Nina

> Il a déjà fait le devoir de géo.

> Faux ! Il n'a pas encore fait le devoir de géo.

> Il n'est pas encore allé chercher le vélo de son père.

> Vrai !

14 **Par deux.** Avez-vous déjà fait les actions suivantes ? Pose une question avec *déjà* à ton/ta camarade. Il/Elle répond et utilise *déjà*, *pas encore* ou *jamais*.

- sauver la vie de quelqu'un
- faire de l'escalade
- être le/la N° 1 dans une activité sportive
- passer à la télé
- participer à un Escape Game
- faire du segway
- aller à Paris
- avoir un(e) correspondant(e)

> Tu as déjà sauvé la vie de quelqu'un ?

> Non, je n'ai jamais sauvé la vie de personne !

PRONONCIATION — L'omission de *ne/n'*

Souvent, à l'oral, on ne prononce pas le **ne** ou **n'** de la négation.

Je **n'**ai **pas** fait mon lit. → J'ai **pas** fait mon lit.

Il **ne** sont **pas** là. → Ils sont **pas** là.

15 a. 🎧 051 Écoute et choisis.
- J'entends **ne** ou **n'**.
- Je n'entends pas **ne** ou **n'**.

b. Dis une phrase négative à ton/ta camarade. Il/Elle répète la phrase sans *ne* ou *n'*.

quarante-cinq 45

Évaluation

Compréhension de l'oral

1 a. 🎧 052 **Marie appelle chez Gabin. La mère de Gabin répond. Écoute puis réponds.** .../5

1. Quelle est la relation entre Marie et Gabin ?
2. Où est Marie quand elle téléphone ?

A

B

C

3. Pourquoi est-ce qu'elle téléphone chez Gabin ?
4. À qui est-ce qu'elle a téléphoné avant ? Est-ce qu'elle a pu parler avec cette personne ?
5. Où est Gabin en ce moment ? Pourquoi ?

Production orale

b. 💬 **Par deux.** Tu téléphones à un(e) ami(e). Il/Elle n'est pas là. Une autre personne répond. Jouez le dialogue. .../5

Compréhension de l'écrit

2 a. 📖 **Lis le reportage. Vrai ou faux ?** .../5

Les tâches ménagères : un jeu d'ado !

Pendant une journée, Daphné (13 ans), a changé de rôle avec ses parents. Elle nous raconte son expérience…

Le matin, j'ai fait le ménage. Je me suis occupée de Lisa, ma petite sœur de 2 ans et j'ai joué avec elle. **À midi**, j'ai préparé le repas et après j'ai fait la vaisselle : ça, je n'aime pas !
L'après-midi, avec Lisa, on est allées faire une promenade. Quand on est rentrées, on a pris le goûter. Après, j'ai fait mes devoirs. Et **le soir**, j'ai préparé le dîner !

Bilan pour Daphné ? Très positif ! Avec cette expérience, j'ai compris que mes parents font beaucoup de choses pour nous ! Merci papa, merci maman !

1. Daphné fait tous les jours les tâches ménagères de ses parents.
2. Daphné a fait à manger.
3. Elle a vidé le lave-vaisselle.
4. Elle n'est pas sortie de la maison.
5. Ça a été une bonne expérience pour elle.

Production écrite

b. ✏️ **Tu envoies ton témoignage pour le reportage (activité 2a). Imagine : le week-end dernier, tes parents sont partis et tu as pris leur place à la maison. Tu as fait quelles tâches ménagères ? (60 mots)** .../5

TENDANCES

Unité 4

LEÇON 7 Apprenons à **décrire des vêtements** pour écrire une annonce pour vendre des vêtements.

LEÇON 8 Apprenons à **parler d'idées de cadeaux** pour créer un accessoire.

Ressources +

- Leçon 7 Document 2 en vidéo !
- Culture et Citoyenneté : Vêtements et recyclage
- Mon cours d'arts plastiques

LEÇON 7 — Des vêtements pas chers

Document 1 🎧 053

Emma fait des achats sur le site Vinted. Sa mère lui pose des questions.

1 Observe les photos et lis la phrase d'introduction. Choisis.
1. Emma : achète des vêtements. / donne ses vêtements.
2. À ton avis, Vinted, c'est : le site d'un magasin de vêtements. / un site de vêtements d'occasion.

2 🎧 053 Écoute.

a. Quels vêtements est-ce qu'Emma regarde sur le site ? Choisis.
Ex. : *Emma regarde les pantalons (photo 2), …*

> **Les vêtements**
> un blouson
> un jean
> un pantalon
> un pull
> un tee-shirt
> une robe
>
> Le verbe *mettre* : p. 56

b. Observe les tailles des vêtements en France. Quelle taille fait Emma ?

| Tailles françaises | 34 | 36 | 38 | 40 | 42 | 44 |

> **Dire la taille**
> Tu fais quelle taille ?
> ▸ Je fais du…

3 🎧 053 Réécoute et réponds.

a. Combien coûte le pantalon ? et le blouson ?
b. À ton avis, est-ce qu'Emma va acheter le pantalon et le blouson ? Pourquoi ?

> **Faire des achats**
> Il/Ça coûte combien ?
> ▸ (Il/Ça coûte) 50 euros.
> C'est cher !
> Ce n'est pas cher !

Unité 4

Document 2

Document vidéo

https://www.les-vêtements-de-camille.fr

LES VÊTEMENTS DE Camille

Le 2 avril

J'achète peu de vêtements dans les magasins parce que je n'aime pas beaucoup faire les magasins… Mais comme vous, je grandis et je change de taille de vêtements. Souvent, je les choisis sur le site *Vinted*, ou dans le placard de ma mère 😊…

Voici mes préférés !
Sur *Vinted*, j'ai acheté un pantalon et je l'ai payé seulement 10 euros ! Je suis super contente parce que je n'ai pas beaucoup de jeans !
J'ai aussi trouvé un super blouson. Je le mets souvent : quand il pleut ou quand il fait beau…
Mes baskets préférées aussi sont d'occasion ! Elles sont classiques et elles vont avec tout. Je les mets en été et en hiver !
Et hier, j'ai regardé dans les vêtements de ma mère parce que je n'ai pas assez de tee-shirts, et j'ai trouvé un tee-shirt large. Je l'ai essayé et je l'adore ! Il est super tendance !
Merci maman !
Voilà des vêtements pas chers et très beaux ! Et quand j'ai trop de vêtements, je les donne. Alors vous aussi, faites comme moi !

4 Lis le blog.

a. Que présente Camille ?

b. Vrai ou faux ? Justifie.
1. Camille achète beaucoup de vêtements dans les magasins.
2. Elle n'a pas beaucoup de jeans et de tee-shirts.
3. Quand elle a trop de vêtements, elle les vend sur Vinted.

5 Relis.

a. Complète les descriptions.
1. Les baskets sont … et elles … .
2. Le tee-shirt de la mère de Camille est … et … .

b. Quand Camille met-elle…
- ses baskets ?
- son blouson ?

> Elle met ses baskets…

c. 💬 **En groupes.** Décris ton vêtement préféré. Dis avec quoi et quand tu le mets (météo, saison). Tes camarades devinent.

> Je le mets quand il fait beau, au printemps ou en été. Il va avec…

Les adverbes de quantité

⊕ trop
  beaucoup
  assez   } **de** vêtements
⊖ peu

Décrire un vêtement

tendance ≠ classique
large ≠ serré(e)
Il/Elle va avec tout.

Le verbe *essayer* : p. 57

Parler de la météo et des saisons

Il pleut.
≠ Il fait beau.

au printemps
en été
en automne
en hiver

---

6 ✏️💬 Écrivons une annonce pour vendre des vêtements !

a. Choisis trois photos de vêtements et écris une annonce pour les présenter.

Tee-shirt blanc classique
Taille 36
5 euros   Super pour l'été !

b. En groupes. Affichez les annonces dans la classe. Dites quels vêtements vous intéressent.

> Moi, je voudrais ce tee-shirt…

Carte mentale p. 52-53

LEÇON 8 — Réutilisons nos vêtements !

Document

https://www.lookdujour.ca

LOOK DU JOUR

MODE • BEAUTÉ • BIEN-ÊTRE • VIDÉOS • HOROSCOPE • SHOPPING

VIDÉOS MODE   INSPIRATION   LOOKS PAS CHERS   STREET STYLE   LOOKS DE STARS

3 idées pour transformer de vieux vêtements

Réutiliser de vieux vêtements, c'est bien, parce qu'on leur donne une seconde vie. Oui, mais comment ? Si les vêtements ne sont pas trop usés, on les donne, bien sûr ! Mais s'ils sont trop usés, on les transforme en accessoires sympas !

Et puis si vous voulez faire un cadeau à un(e) ami(e), donnez une de vos créations ! De cette manière, vous lui offrez un cadeau unique et pas cher !

Voici trois accessoires faciles à réaliser.

1• Un sac en jean

Réutilisez un vieux jean et une ceinture en cuir !

2• Un bonnet en laine

Réutilisez les vieux pulls de toute la famille !

3• Des bracelets en coton

Réutilisez des tee-shirts de toutes les couleurs !

1 Lis l'article.

a. **Choisis. (Plusieurs réponses possibles.)**
L'article donne des idées pour :
1. réutiliser de vieux vêtements.
2. créer de nouveaux vêtements.
3. créer des accessoires.

b. **Que peut-on faire dans les situations suivantes ?**
1. Les vêtements sont trop vieux.
2. Les vêtements ne sont pas trop vieux.
3. Vous voulez faire un cadeau.

> Si les vêtements..., on...

Si + présent... + présent ou impératif

Si les vêtements ne **sont** pas trop usés, on les **donne** !
Si vous **voulez** faire un cadeau, **donnez** une de vos créations !

Unité 4

2 Relis et associe. Que remplacent les mots en couleur dans la boîte à outils ? Attention, il y a des intrus !

- à des amis
- à un(e) ami(e)
- à un vêtement usé
- aux vêtements usés

Les pronoms COI *lui* et *leur*

Vous **lui** offrez un cadeau unique.
On **leur** donne une seconde vie.

Le verbe *offrir* : p. 57

3 Lis encore. Quels accessoires peut-on créer avec...

- un jean et une ceinture ?
- des tee-shirts ?
- un pull ?

> Avec un jean et une ceinture, on peut créer...

Les accessoires

un bracelet
un bonnet
une ceinture
un sac

4 a. Observe les photos et dis les matières.

1   2   3   4

> C'est en...

Décrire un vêtement

en coton
en cuir
en jean
en laine

b. Associe les photos de l'activité **4a** aux vêtements ou accessoires de l'article.

c. Par deux. Le jeu des matières.
Dis le nom d'un vêtement ou d'un accessoire. Ton/Ta camarade dit les matières possibles.

> Un bonnet !

> En laine ou en coton !

5 Si tu veux faire un cadeau à quelqu'un, qu'est-ce que tu lui offres ?

> Moi, si je veux faire un cadeau à ma mère, je lui offre...

6 **Créons un accessoire !**

Carte mentale
p. 52-53

En groupes

a. Imaginez un accessoire à créer avec un vieux vêtement. Dessinez-le.

b. Présentez votre accessoire à la classe.

> Voici une écharpe d'été en coton créée avec un vieux tee-shirt.

c. Chacun(e) choisit son accessoire préféré et dit à qui il/elle veut l'offrir.

> Je veux faire un cadeau à ma sœur. Je lui offre l'écharpe en coton.

Lexique et Communication

054 Les vêtements *(masc.)*

Je porte / Je mets…

- un blouson
- une chemise
- un jean
- une jupe
- un pantalon
- un pull / un sweat
- une robe
- un tee-shirt
- une veste

055 Dire la taille et la pointure

Tu fais quelle taille ?
▶ Je fais du 36.

Quelle est ta pointure ?
▶ Je fais du 38.

057 Décrire un vêtement

Je porte / Je mets / J'essaie un vêtement.

Le style
large ≠ serré
long ≠ court
tendance ≠ classique
C'/Il/Elle est à la mode.
Ça/Il/Elle va avec tout.

La matière
en coton
en cuir
en jean
en laine
en tissu

MOI ET

Les vêtements

1 En groupes. Choisis une photo et décris les vêtements. Tes camarades devinent.

> Cette personne porte un jean et…

A

B

C

D

Unité 4

🎧 056 Faire des achats

Je cherche / Je voudrais un jean noir.
Il/Elle/Ça coûte combien ?
C'est combien ?

▶ Il/Elle/Ça coûte 8,80 euros.
▶ (C'est) 90 euros.
C'est cher ! / Ça coûte cher !
Ce n'est pas cher ! / Ça ne coûte pas cher !

MES VÊTEMENTS

🎧 058 Parler de la météo et des saisons (en France)

Quel temps fait-il ?

▶ Il fait froid.   ≠ Il fait chaud.
▶ Il fait beau.   ≠ Il pleut.
▶ Il neige.
▶ On est au printemps   en été
en automne   en hiver

! En français, les noms des saisons sont masculins.

🎧 059 Les accessoires (masc.)

 des baskets (fém.)
 un bonnet
 un bracelet
 une ceinture
 des chaussettes (fém.)

 des chaussures (fém.)
 une écharpe
 des gants (masc.)
 un sac

Dire la taille et la pointure

2 🎧 060 Écoute les deux conversations et associe. Attention, il y a un intrus !

Manon fait du…
Elia fait du…

- 34
- 36
- 38
- 39
- 40

1. C'est sa pointure.
2. C'est sa taille.

cinquante-trois 53

Lexique et Communication

Faire des achats

3 Par deux. **Choisis un vêtement et demande le prix. Ton/Ta camarade donne un prix. Tu dis si c'est cher ou pas cher.**

> Combien coûte le pantalon ?

> Il coûte 17 euros !

> Ce n'est pas cher !

Décrire un vêtement

4 Valentin et Adam ont un style différent. Associe les descriptions aux dessins.

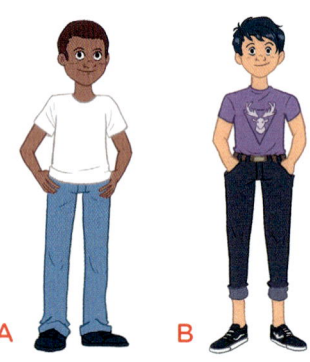

Valentin a un style classique. Il choisit des tee-shirts larges et des pantalons longs. Ses tee-shirts vont avec tout.

Adam aime être à la mode. Il porte des vêtements tendance : des tee-shirts serrés et des pantalons courts.

A   B

Parler de la météo et des saisons

5 🎧 061 Écoute et associe les vêtements à la météo correspondante.

a. un blouson   b. une robe   c. des baskets   d. un tee-shirt   e. un pull

1.   2.   3.   4.   5.

Les accessoires

6 Complète avec les accessoires suivants.

chaussures • chaussettes • gants • baskets • écharpe • bonnet • bracelet

Tom porte des ... et un ... en cuir.

A

Joanne a mis une ... , un ... et des ... en laine.

B

Théo porte toujours des ... avec des ... de couleur.

C

Grammaire et Verbes

Unité 4

Les adverbes de quantité

trop (de/d') +
beaucoup (de/d')
assez (de/d')
un peu (de/d')
peu (de/d') −

! Avec un **verbe** : J'**achète peu**.
Avec un **nom** : J'achète **peu de vêtements**.

1 Observe les vêtements de Louna et complète avec *trop de*, *beaucoup de*, *assez de* ou *peu de*. (Plusieurs possibilités.)

a. Louna a … pulls.
b. Elle a … tee-shirts.
c. Elle a … pantalons.
d. Elle a … robes.

2 Choisis l'option correcte.

a. Quand j'ai **trop** / **un peu** / **peu** de vêtements, je les donne.
b. J'ai **trop** / **beaucoup** / **peu** de jeans : un ou deux seulement.
c. Lucille a **beaucoup** / **assez** / **peu** de jupes dans son placard ; elle aime bien porter des jupes !
d. 15 euros ? Ce n'est pas **assez** / **trop** / **beaucoup** pour acheter ce pull : il coûte 30 euros !
e. Ces baskets, je les porte **un peu** / **peu** / **trop** parce qu'elles ne vont pas avec tout.
f. Tu achètes tes vêtements sur Internet ? Oui, **un peu** / **trop** / **peu**.

Si + présent… + présent ou impératif

Si + présent de l'indicatif… + **présent de l'indicatif**
→ pour exprimer une condition et son résultat.

Si les vêtements ne **sont** pas trop vieux, on les **donne**.

Si + présent de l'indicatif… + **impératif**
→ pour exprimer une condition ou un conseil.

Si vous **voulez** faire un cadeau à un(e) ami(e), **donnez** une de vos créations !

! si + il(s) = **s'il(s)**
S'il est trop usé… / **S'ils** sont trop usés…

3 Reconstitue les trois phrases. Utilise *Si*.

va dans ce magasin   je mets cette robe
tu aimes les vêtements tendance   je le prends
il fait beau   ce pantalon est à ma taille

Si *tu aimes les vêtements tendance*, … !

4 ✏️ Imagine le début ou la fin des phrases et écris-les dans ton cahier. Utilise le présent de l'indicatif.

a. Si ce vêtement est cher, je … .
b. S'il pleut, … .
c. … , tu peux créer de nouveaux accessoires !
d. Si tu aimes ces baskets, … .
e. Si tu n'aimes pas faire les magasins, … .
f. Quels vêtements tu mets … ?

5 💬 Par deux. Quels vêtements ou accessoires on peut mettre dans ces situations ? Donne des conseils à ton/ta camarade. Utilise l'impératif.

S'il fait froid   S'il fait très chaud
S'il pleut   S'il neige

> S'il fait froid, mets un bonnet !

cinquante-cinq 55

Grammaire et Verbes

Les pronoms COI *lui* et *leur*

lui et **leur** remplacent une personne ou une chose. Ils répondent à la question « **À qui ?** » ou « **À quoi ?** ».

Vous offrez une de vos créations **à votre ami(e)**.

Vous **lui** offrez une de vos créations.

On donne une seconde vie **à nos vêtements**.

On **leur** donne une seconde vie.

! Avec une négation :
Vous **ne lui** offrez **pas** une de vos créations.

6 Retrouve les COI. Puis transforme les phrases avec *lui* ou *leur*.

Ex. : *J'achète une casquette à mon petit frère.*
→ COI = à mon petit frère.
→ *Je lui achète une casquette.*

a. Je donne mes vieux vêtements à ma sœur.
b. Je fais des cadeaux à mes amis.
c. Tu parles de tes achats à tes parents.
d. On envoie des vêtements à nos cousines ?
e. Laurine et Paloma achètent une ceinture à leur père.
f. Vous offrez une écharpe à votre grand-mère ?
g. Elle montre ses vêtements préférés à son amie.

7 Par deux. Le jeu des devinettes. Que remplacent *lui* et *leur* dans les phrases ? (Plusieurs réponses possibles.) Le/La plus rapide marque un point.

à mon petit frère   à des vêtements classiques
à des amis virtuels   à une copine
à un vieux jean

a. Je lui donne une seconde vie.
b. Je lui donne mes vieux tee-shirts.
c. Je lui offre un super cadeau.
d. Je leur parle de mes vêtements sur mon blog.
e. Je leur ajoute des accessoires tendance.

8 Par deux. Pose quatre questions à ton/ta camarade avec les verbes suivants. Il/Elle répond avec *lui* ou *leur*.

offrir à   donner à   acheter à   envoyer à

Tu offres souvent des cadeaux à tes amis ?

Oui, je leur offre souvent des cadeaux.

Non, je ne leur offre...

Le verbe *mettre*

9 062 Écoute et répète.

Je **met**s
Tu **met**s
Il/Elle/On **met**
Nous **mett**ons
Vous **mett**ez
Ils/Elles **mett**ent

10 Transforme les phrases avec le verbe *mettre*.

a. Tu portes souvent des jupes ?
b. Mes amis ont tous les mêmes baskets !
c. Noah ne porte pas de blouson aujourd'hui : il fait chaud !
d. Nous rangeons nos vêtements dans ce placard ?
e. Vous portez un pull ou une chemise ?
f. Je ne porte jamais de chaussettes avec ces chaussures !

11 Dans ton cahier, écris des phrases avec le verbe *mettre*.

on   Félicie   Louison et moi
Violette et Mathilde   je   tu

Unité 4

Le verbe *essayer*

12 🎧 063 Écoute et répète.

J'essa**ie**
Tu essa**ies**
Il/Elle/On essa**ie**
Nous essa**yons**
Vous essa**yez**
Ils/Elles essa**ient**

Autre verbe comme *essayer* : *payer*.

13 ✏️ **En groupes.** Écrivez le maximum de phrases avec ces formes verbales. Comparez avec un autre groupe.

essaie | payez | essayons | paient
paies | essaient

PRONONCIATION — Les graphies des sons [s] et [z]

Le son [s] s'écrit :	– **s** en début de mot : **s**ac
	– **ss** entre deux voyelles : e**ss**aie
	– **c** devant les voyelles *e, i, y* : **c**einture
Le son [z] s'écrit :	– **z** au début ou au milieu d'un mot : **Z**oé, Baltha**z**ar
	– **s** entre deux voyelles : maga**s**in

14 🎧 064 Écoute et lève la pancarte S quand tu entends le son [s] et la pancarte Z quand tu entends le son [z].

15 **a.** Lis ces phrases à voix haute.

1. Tu choisis une chemise sympa.
2. Je suis sur le site du magasin.
3. Soline essaie ces chaussures et ces chaussettes.
4. Le blouson de Zaïd est usé.

b. 🎧 065 Écoute pour vérifier.

Le verbe *offrir*

16 🎧 066 Écoute et répète.

J'offr**e**
Tu offr**es**
Il/Elle/On offr**e**
Nous offr**ons**
Vous offr**ez**
Ils/Elles offr**ent**

! *Offrir* a les mêmes terminaisons que les verbes en *-er*.
Autres verbes comme *offrir* : *découvrir, ouvrir*...

17 🎧 067 Écoute et dis le ou les pronoms sujets correspondants.

je | j' | tu | il | elle | on
nous | vous | ils | elles

18 Complète avec *découvrir*, *ouvrir* ou *offrir* au présent.

a. J'... de nouveaux vêtements à ma petite sœur pour Noël.
b. Vous ... de beaux vêtements sur le site Vinted.
c. Tiens, ton cadeau ! Tu l'... maintenant ?
d. Maria et moi, nous ... ce pull à Léonie.
e. Ses parents lui ... beaucoup de cadeaux mais jamais de vêtements.
f. Ce magasin de vêtements ... à quelle heure ?

19 💬 **Par deux.** Choisis un sujet et un verbe. Ton/Ta camarade dit la forme verbale correspondante.

je/ j' | Mathilde | Tom et Moi
Mes frères | tes amis et toi | tu

découvrir | offrir | ouvrir

— Je – découvrir
— Je découvre !

cinquante-sept 57

Évaluation

Compréhension écrite

1 a. Lis l'article et réponds. .../5

1. Quels sont les deux vêtements à la mode pour les filles ce printemps ?

A B C D

2. Quels sont les deux vêtements à la mode pour les garçons ce printemps ?

   `Un vêtement chaud`   `Un vêtement large`   `Un vêtement court`   `Un vêtement long`

3. Quel vêtement est-ce qu'on peut mettre avec tout ?
4. Quel vêtement est-ce qu'on peut porter avec différents types de chaussures ?
5. Quel vêtement est-ce qu'on peut porter quand il fait froid ?

Production orale

b. Selon toi, quels sont les deux vêtements à la mode en ce moment ? Avec quoi on peut les porter ? À quelle(s) saison(s) ? Et toi, est-ce que tu les mets ? Pourquoi ? .../5

Compréhension de l'oral

2 a. 068 Théo et Gustave veulent faire un cadeau à Mathias. Écoute et complète. .../5

1. Mathias aime bien...
2. Selon Théo, une ceinture coûte...
3. Théo et Gustave offrent à Mathias...
4. Le cadeau pour Mathias coûte...
5. Théo et Gustave paient... chacun.

Production écrite

b. Tu veux faire un cadeau à un(e) ami(e). Tu écris un message à un(e) autre ami(e) et tu lui proposes de participer au cadeau. (60 mots) .../5

DESTINATIONS

Unité 5

LEÇON 9 Apprenons à parler de destinations de voyages pour faire une *bucket list** de lieux à visiter.

* Liste d'expériences à vivre et de rêves à réaliser

LEÇON 10 Apprenons à communiquer par mail pour organiser une fête surprise.

Ressources +

- Culture et Citoyenneté : La France d'outre-mer : les DROM-COM
- Mon cours d'histoire des arts

LEÇON 9 — Rêves de voyage

Document

MES SOULIERS — accueil | pays | voyage pratique | à propos

http://www.messouliers.org/ma-bucket-list/

Une *bucket list*, qu'est-ce que c'est ?

Eh bien, c'est une liste d'expériences à vivre et de rêves à réaliser.
Et moi, mon rêve, c'est de découvrir d'autres continents et d'autres cultures.
J'ai beaucoup voyagé en Europe avec ma famille : l'année dernière, on est allés en Suède et, là, on revient du Danemark. Tous les ans, en été, je vais deux semaines en Espagne. J'adore ! J'y vais avec mes grands-parents.
Notre prochaine destination, c'est l'Asie ou l'Amérique du Sud. Le choix n'est pas simple car on me dit que les gens sont très gentils sur ces deux continents.
Dans beaucoup de pays d'Amérique du Sud, on parle espagnol et c'est facile pour moi.
Mais le problème, en Asie, ce sont les langues : on y parle 2 000 langues différentes !

Ma *bucket list*

Je rêve d'aller…
- ☐ au Cambodge (pour visiter les temples d'Angkor).
- ☐ aux Philippines (pour voir les volcans).
- ☐ au Chili (pour voir les statues moai de l'île de Pâques ou le désert d'Atacama).
- ☐ en Égypte (pour voir les pyramides de Gizeh).
- ☐ en France, à Tours (pour visiter les châteaux de la Loire).

---

1 **Observe le blog.** Une *bucket list*, c'est une liste de choses :
1. déjà faites.
2. qu'on veut faire.

2 a. Lis le blog. Vrai ou faux ? Justifie.
1. Le blogueur rêve de voyager loin de chez lui.
2. Il voyage toujours seul.
3. Il préfère l'Amérique du Sud parce que les Sud-Américains sont sympathiques.
4. Il ne comprend pas l'espagnol.

b. Trouve dans le blog :
- quatre pays d'Europe
- un pays d'Amérique du Sud
- un pays d'Afrique
- deux pays d'Asie

3 En groupes. Choisis un pays ou un continent et fais une phrase comme dans l'exemple. Tes camarades corrigent si nécessaire.

— Le blogueur revient d'Asie.
— Faux ! Il rêve d'aller en Asie !
— Le blogueur est allé…

Les continents

l'Afrique, l'Amérique du Nord, l'Amérique du Sud, l'Asie, l'Europe, l'Océanie

Quelques pays

le Cambodge, le Chili, le Danemark, l'Égypte, l'Espagne, la France, les Philippines, la Suède

Les prépositions devant les noms de villes et de pays

à Tours
en Asie / France / Égypte
au Cambodge / Chili
aux Philippines
de Tours
d'Asie, **de** France
du Cambodge / Chili
des Philippines

Unité 5

4 Relis la *bucket list* et décris une photo comme dans l'exemple. Ton/Ta camarade trouve la photo.

1

2

3

Les paysages
un désert
une île
un volcan

4

5

6

Les monuments
un château
une pyramide
une statue
un temple

C'est un désert. C'est au Chili.

La photo 1 !

5 Lis la boîte à outils. Que signifie *on* dans les phrases suivantes ?

Ex. : *En Amérique du Sud, on parle espagnol.* → On = les gens

1. On revient du Danemark.
2. On y parle 2 000 langues différentes.
3. On me dit que les gens sont très gentils.

Le pronom *on*
On = les gens
On = quelqu'un
On = nous

6 a. Lis la boîte à outils. Que remplace *y* dans chaque phrase ?

b. **En groupes.** Le jeu des devinettes.
Pose des devinettes avec le pronom *y* à tes camarades.

On y mange des pizzas excellentes.

En Italie !

Le pronom complément de lieu *y*
J'**y** vais avec mes grands-parents.
On **y** parle 2 000 langues différentes.

7 Faisons une *bucket list* de lieux à visiter !

Carte mentale p. 64-65

a. Quels lieux rêves-tu de visiter ?
Fais une liste de cinq lieux avec les choses à faire ou à voir.

Je rêve d'aller :
1. à Clermont-Ferrand, en France, pour y voir les volcans.
2. ...

b. Par deux. Faites une liste commune avec vos cinq lieux préférés. Présentez votre liste à la classe.

c. Votez pour vos lieux préférés et établissez la *bucket list* de la classe.

LEÇON 10 — Voyage scolaire

Document 1 🎧 069

Aix-en-Provence
Gordes
Lourmarin

Un professeur explique à sa classe le programme du voyage organisé par le collège.

1 Observe les photos et lis la phrase d'introduction.
1. Que va expliquer le professeur à la classe ?
2. Où va aller la classe ? Connais-tu ces lieux ? Situe-les sur une carte de France.

2 a. 🎧 069 **Écoute. Associe les lieux du voyage (doc. 1) aux dates et aux actions. Justifie.**

Ex. : *Aix-en Provence / le 15 / arriver* → *Le 15, nous arriverons à Aix-en-Provence.*

le 15   le 16   le 17

arriver   dormir   visiter   prendre le train

b. Complète les phrases à l'aide de la boîte à outils « Exprimer la date future ».
1. Le voyage à Aix-en-Provence, c'est … .
2. Le professeur donnera le programme aux élèves … .

3 a. 🎧 069 **Réécoute. Vrai ou faux ? Justifie.**
1. Aix-en-Provence se trouve dans le nord de la France.
2. Aix-en-Provence est à 70 kilomètres au sud de Gordes.
3. Lourmarin se trouve à 30 kilomètres d'Aix-en-Provence.

b. 💬 **En groupes. Situe des villes françaises. Tes camarades corrigent si nécessaire.**

> Montpellier, (ça) se trouve dans le nord de la France.

> Faux. C'est dans le sud de la France.

Le futur simple

nous **arriver**ons *(arriver)*
nous **dormir**ons *(dormir)*
nous **visiter**ons *(visiter)*
nous **prendr**ons *(prendre)*

Exprimer la date future

après-demain
dans deux semaines =
dans quinze jours
la semaine prochaine

Situer dans l'espace

Ça se trouve… / C'est…
- **à** 30 **kilomètres**
- **dans le** nord/sud/
  l'ouest/est **de** la France
- **au** nord/sud **d'**Aix/
  à l'ouest/est **de** Gordes

Unité 5

Document 2

Sylvaine Cellier 4 mai (il y a 18 heures)
Cher Benoît,
J'organise un anniversaire surprise pour les 13 ans d'Amira, le samedi 16 mai. Tu es libre ?
Je t'embrasse,
Ta sœur adorée 😊

Benoît Cellier
Chère Sylvaine,
Je suis vraiment désolé mais je ne pourrai pas venir à l'anniversaire d'Amira. 😞
Le 16, je serai dans le Sud, en voyage scolaire avec mes élèves. Mais le week-end du 23, je viendrai à Paris parce que je vais à un mariage le samedi. Le dimanche 24, je n'ai rien de prévu. On pourra se voir ?
Bon anniversaire surprise à ta fille ! Et comme aujourd'hui c'est la Sainte Sylvaine, bonne fête à toi ! 😊
À très bientôt !
Bises,
Benoît.

4 Lis les mails et associe.

Amira est — Benoît est — Sylvaine est
le frère — la sœur — la fille
de Benoît. — de Sylvaine.

5 a. Relis. Associe les illustrations aux dates et aux fêtes.

le 4 mai   le 16 mai   le 23 mai

1   2   3

Les fêtes familiales
un mariage
un anniversaire
une fête

Le futur simple
Quelques verbes irréguliers
je **ser**ai *(être)*
je **viendr**ai *(venir)*
on **pourr**a *(pouvoir)*

b. Vrai ou faux ? Justifie.
1. Benoît peut assister à la fête d'anniversaire d'Amira.
2. Il a prévu de venir à Paris le 23 et le 24 mai.

6 Lis encore et observe la boîte à outils.
1. Quelles expressions servent à saluer ? à prendre congé ?
2. Trouve dans les mails une autre expression pour prendre congé.

Écrire un mail amical
Cher Benoît,   Je t'embrasse.
Chère Sylvaine,   Bises

7 **Organisons une fête surprise !**
  a. Écris un mail à un(e) camarade pour organiser un anniversaire surprise.
  b. Ton/Ta camarade te répond.
     Il/Elle dit ce qu'il/elle fera pour t'aider.

Moi, je préparerai une *playlist* et j'apporterai à manger.

Carte mentale p. 64-65

soixante-trois 63

Lexique et Communication

🎧 075 Situer dans l'espace

Ça se trouve...
C'est..
C'est situé...
▶ à 30 **kilomètres de** Paris.

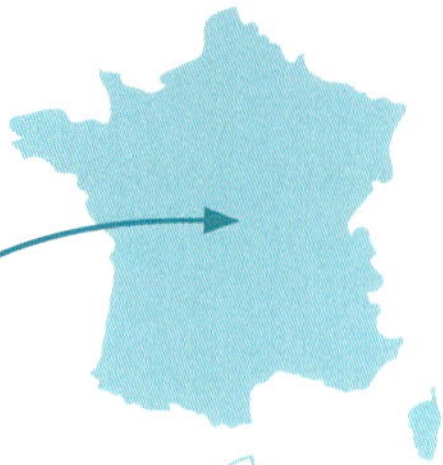

▶ **dans le centre de** la France.

▶ **dans le** nord / **le** sud,

▶ **dans l'**ouest  / **l'**est  **de** la France.

▶ **au** nord / **au** sud **d'**Aix, **à l'**ouest / **à l'**est **de** Gordes.

🎧 070 Les continents

l'Afrique
l'Amérique du Nord
l'Amérique du Sud
l'Asie
l'Europe
l'Océanie

MOI ET

🎧 072 Les paysages

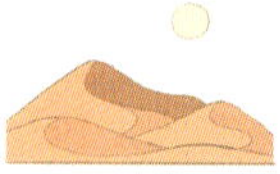

- un désert
- une plage 
- une forêt 
- un volcan 
- une île 

🎧 073 Les monuments

- une cathédrale
- une pyramide 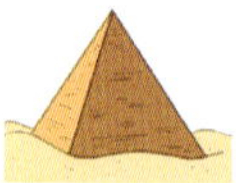
- un château 
- une statue 
- une mosquée 
- un temple 

Les continents et quelques pays

1 🎧 078 Écoute et lève la pancarte correspondante.

Continent   Pays   Ville

2 🎲 **En groupes.** Le jeu des continents et des pays. Dis le nom d'une ville. Tes camarades devinent le continent et le pays correspondants.

— Phnom Penh.
— L'Asie, le Cambodge !

64 soixante-quatre

Unité 5

🎧 071 Quelques pays

- le Cambodge
- l'Égypte
- le Chili
- les Philippines
- Cuba
- la Suède
- le Danemark
- l'Uruguay

🎧 074 Exprimer la date future

demain, après-demain

dans huit { jours / semaines / mois }

le week-end / le mois / l'été / l'an } **prochain**

la semaine / l'année } **prochaine**

MES VOYAGES
MES FÊTES

🎧 076 Les fêtes familiales

un anniversaire
une fête
la fête des mères / des pères
un mariage

Bon/Joyeux anniversaire !
Bonne fête !
Meilleurs vœux (de bonheur) !

🎧 077 Écrire un mail amical

Pour saluer
Cher Benoît,
Chère Sylvaine,
Chers grands-parents,
Chères amies,
Bonjour,
Salut,* / Coucou,*

Pour prendre congé
À (très) bientôt !
Salut* ! / Tchao* !
À plus tard ! = À plus* ! = À +* !
Je t'/vous embrasse.
Bises ! / Bisous* !

*registre familier

Les paysages et les monuments

3 🎲 **En groupes.** Le jeu des lieux célèbres.
Observe la liste suivante et dis un nom de lieu célèbre. Tes camarades disent de quel paysage ou monument il s'agit. Le/La plus rapide marque un point.

une cathédrale — un musée — une île — un temple — une plage — une forêt — un château — un volcan — un désert

— Notre-Dame de Paris.
— Une cathédrale !

soixante-cinq

Lexique et Communication

Exprimer la date future

4 **Par deux.** Choisis une expression dans une des listes suivantes. Ton/Ta camarade trouve l'expression équivalente.

après-demain   ~~dans quinze jours~~   dans quatre semaines   l'année prochaine
dans huit jours   samedi et dimanche prochains

dans un mois   dans une semaine   le week-end prochain   ~~dans deux semaines~~
l'an prochain   dans deux jours

> Dans deux semaines !

> Dans quinze jours.

Situer dans l'espace

5 **En groupes.** Le jeu de la géographie.
Pose une devinette à tes camarades comme dans l'exemple. Le/La plus rapide marque un point.

> C'est un pays d'Europe. Il se trouve au nord de la France et au sud des Pays-Bas.

> La Belgique !

Les fêtes familiales

6 Reconstitue les expressions puis associe-les aux photos.

bonne   joyeux   fête   vœux   anniversaire   meilleurs

… !   … !   … !

A

B

C

Écrire un mail amical

7 a. Quelles expressions on utilise seulement avec des copains/copines ou avec la famille ? Choisis.
- Bisous !
- Bonjour,
- Je t'embrasse !
- À + !
- Madame,
- Salut !
- À plus !
- À bientôt !
- Tchao !
- Coucou,
- Chers Mamie et Papy,
- Monsieur,

b. Quelles expressions de l'activité **a** utilise-t-on pour prendre congé ?

Grammaire et Verbes

Unité 5

Les prépositions devant les noms de villes et de pays

	Le lieu où on est/va	Je suis/vais…
à	+ ville + île	**à** Athènes **à** Cuba
en	+ continent	**en** Asie
	+ nom féminin de pays	**en** Égypte
	+ nom masculin de pays avec voyelle	**en** Uruguay
au	+ nom masculin de pays	**au** Chili
aux	+ nom pluriel de pays	**aux** Philippines

	Le lieu d'où on vient	Je reviens/rentre…
de/d'	+ ville + île	**d'**Athènes **de** Cuba
	+ continent	**d'**Asie
	+ nom féminin de pays	**de** France
	+ nom masculin ou féminin de pays avec voyelle	**d'**Uruguay
du	+ nom masculin de pays	**du** Mexique
des	+ nom pluriel de pays	**des** États-Unis

* En général, les noms de pays qui se terminent par un **-e** sont féminins (sauf le Belize, le Cambodge, le Mexique, le Mozambique, le Suriname, le Zimbabwe).

1 💬 **Par deux. Observe ces horaires d'avion et fais une phrase comme dans les exemples. Ton/Ta camarade dit l'horaire.**

ARRIVÉES		DÉPARTS	
Heure	Provenance	Heure	Destination
08:40	STOCKHOLM	08:30	PALERME
08:45	NEW YORK	08:50	LA HAVANE
08:55	MADRID	09:00	SANTIAGO
09:10	MONTEVIDEO	09:05	BERLIN
09:20	MANILLE	09:15	AMSTERDAM
09:35	COPENHAGUE	09:25	PHNOM PENH

~~Danemark~~   Espagne   États-Unis   Philippines
Suède   Uruguay
Allemagne   Cambodge   ~~Chili~~   Cuba   Italie
Pays-Bas

> Ce vol arrive **du** Danemark.
> Le vol de 9 h 35.
> Ce vol va **au** Chili.
> Le vol de 9 heures.

2 Complète avec *à*, *en*, *au* ou *aux*.

a. Mon prof de français est en voyage scolaire … Strasbourg.
b. Mon rêve ? Aller … Mexique ou … Argentine.
c. Mon oncle travaille … Japon, … Tokyo.
d. En mars, on va … Italie, … Rome.
e. Cet été, vous allez … États-Unis ? … Los Angeles ?

3 Complète avec *de*, *d'*, *du* ou *des*.

a. Pierre rentre quand … Allemagne ?
b. Cet avion vient … Égypte ?
c. Cette lettre vient … Philippines, … Manille.
d. Vous revenez … Uruguay ou … Paraguay ?
e. Nous revenons … Océanie, … Nouvelle-Zélande.

4 💬 **Par deux. Dis un début de phrase. Ton/Ta camarade complète avec un/des pays de la liste.**

1. New York   2. États-Unis   3. Suède
4. Uruguay   5. Mexique   6. Athènes
7. Amérique du Nord   8. Paris

a. Cet été, je vais aller au…
b. Mon frère étudie en…
c. On revient de…
d. Nathan habite à…
e. Mes cousines reviennent des…
f. Ils rentrent du…
g. Ma mère est en voyage aux…
h. Nous arrivons d'…

Grammaire et Verbes

Le pronom *on*

On = **nous**
On revient du Danemark.

On = **les gens**
En Amérique du Sud, **on** parle espagnol.

On = **quelqu'un**
On me dit que les gens sont très gentils.

! Rappel :
on est suivi d'un verbe à la 3e personne du singulier.

5 🎧 079 Écoute les phrases et choisis.

On = nous
On = les gens
On = quelqu'un

6 Complète les réponses avec les verbes aux temps indiqués. Utilise *nous*, *les gens* ou *quelqu'un*, comme dans l'exemple.

Ex. : – *Papa, on voyage cet été ?*
– *(rester – présent)* → Non, **nous restons** à la maison.

a. – On parle quelle langue au Chili ?
– *(parler – présent)* → ... espagnol.

b. – En Égypte, qu'est-ce qu'on va visiter en premier ?
– *(visiter – futur proche)* → ... les pyramides !

c. – Bonjour madame. On vous a déjà donné des informations sur ce voyage ?
– *(vouloir – présent)* → Non, mais ... bien me les donner !

Le pronom complément de lieu *y*

Le pronom *y* remplace le lieu où on se trouve ou le lieu où on va.

On parle 2 000 langues différentes **en Asie**.

On **y** parle 2 000 langues différentes.

Je vais **en Espagne** avec mes grands-parents.

J'**y** vais avec mes grands-parents.

! Avec un semi-auxiliaire : Nous **allons y aller**.
! Avec une négation : Je **n'y** vais **pas**. Vous **ne** pouvez **pas y** passer l'été.

7 🎧 080 Écoute les phrases puis transforme-les avec *y*.

Ex. : *Cet été, on ne va pas à la mer.*
→ *Cet été, on n'**y** va pas.*

8 💬 **En groupes.** Pose des devinettes avec le pronom *y* à tes camarades. Ils/Elles devinent le lieu.

On **y** visite des pyramides.

En Égypte ?

Au Mexique ?

Le futur simple

Verbes réguliers
infinitif + **-ai**, **-as**, **-a**, **-ons**, **-ez**, **-ont**

Verbes en **-er** :
visiter → on **visitera**
Verbes en **-ir** :
dormir → nous **dormirons**
Verbes en **-re** :
prendre → vous **prendrez**

Verbes irréguliers
Certains verbes ont un radical irrégulier (mais des terminaisons régulières !).

aller → j'**ir**ai, tu **ir**as...
avoir → j'**aur**ai, tu **aur**as...
être → je **ser**ai, tu **ser**as...
faire → je **fer**ai, tu **fer**as...
pouvoir → je **pourr**ai, tu **pourr**as...
venir → je **viendr**ai, tu **viendr**as...
vouloir → je **voudr**ai, tu **voudr**as...

9 Choisis la forme correcte.

a. Qu'est-ce qu'on **visitera** / **visiteras** à Rome ?
b. Nous **commencerons** / **commenceront** notre voyage.
c. Moi, j'**étudierai** / **étudierez** aux États-Unis, plus tard.
d. Maman, tu **changera** / **changeras** les billets d'avion ?
e. Monsieur, vous **afficherai** / **afficherez** le programme dans la classe ?
f. Tes parents **choisirons** / **choisiront** quel hôtel : l'hôtel de la plage ou du centre-ville ?

Unité 5

10 Complète avec les terminaisons du futur simple.

a. Tes cousins passer... me voir à la maison ?
b. Ton correspondant dormir... où ?
c. Nous prendr... de supers photos !
d. Bientôt, je publier... le programme du voyage sur le blog.
e. Tu me téléphoner... quand vous arriver... ?
f. Vous apprendr... à parler espagnol quand vous voyager... au Mexique.

11 Quels verbes de la liste ont un radical irrégulier au futur simple ? Écris leur radical dans ton cahier.

prendre   aller   arriver   avoir
DÉTESTER   descendre   être   dessiner
donner   faire   finir   écouter
POUVOIR   choisir   venir   FERMER
vouloir   dormir

12 Par deux. Dis un pronom sujet et choisis un numéro entre 1 et 9. Ton/Ta camarade conjugue le verbe correspondant au futur.

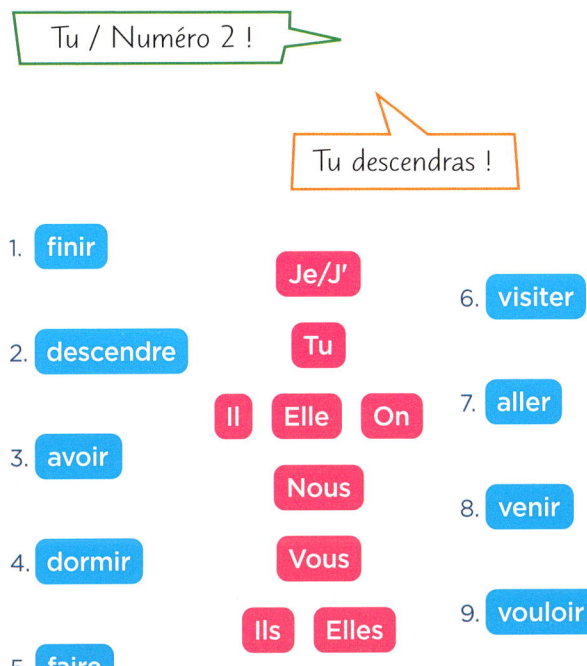

Tu / Numéro 2 !

Tu descendras !

1. finir
2. descendre
3. avoir
4. dormir
5. faire

Je/J'   Tu   Il   Elle   On   Nous   Vous   Ils   Elles

6. visiter
7. aller
8. venir
9. vouloir

13 Complète avec un verbe de la liste conjugué au futur.

aller   avoir   dormir   pouvoir   revenir
visiter   vouloir   voyager

a. Tu ... quelles villes, en Belgique ?
b. Je ne ... pas venir avec vous en voyage scolaire !
c. Mes parents ... seulement deux semaines de vacances !
d. Mon père ne ... pas prendre l'avion ! Il déteste ça !
e. Vous ... au Portugal en voiture ?
f. Ma correspondante ... à la maison, l'an prochain.
g. Nous, cette année, on ne ... pas.
h. Nous ... à l'hôtel, cette nuit ?

PRONONCIATION — Le e caduc au futur

À l'oral, le **e** du radical du futur ne se prononce pas toujours.

je f**e**rai   → Je **f'**rai
tu s**e**ras   → Tu **s'**ras

14 🎧 081 Écoute les phrases. Lève la main quand tu entends le *e* du radical.

1. Tes parents travaill**e**ront, au mois d'août ?
2. Tu aim**e**ras la Chine, c'est super !
3. On rest**e**ra à la maison, cet été.
4. Vous s**e**rez en France, en juillet ?
5. Nous f**e**rons quoi, aux prochaines vacances ?
6. Le mois prochain, je visit**e**rai l'Italie.

15 Répète les phrases de l'activité 14.
a. Prononce le *e* du radical.
b. Ne prononce pas le *e* du radical.

16 Dis une phrase au futur simple à ton/ta camarade et prononce le *e* du radical. Il/Elle la répète sans prononcer le *e*.

soixante-neuf 69

Évaluation

Compréhension de l'écrit

1 a. Lis le mail et choisis. .../5

Chère Gaia,
Tout d'abord, mes meilleurs vœux de bonheur ! Tout s'est bien passé ?
On peut se voir après-demain chez toi, à 14 heures ? Et tu me raconteras tout, d'accord ?
Moi aussi, j'ai beaucoup de choses à te raconter ! On est rentrés hier de notre grand voyage d'un mois !
Ça a été une très belle expérience !
On est partis de Paris et on est allés au Mexique : on y a vu des temples et des pyramides magnifiques !
Puis on est passés par les États-Unis pour aller à Hawaï. On a pu visiter trois îles ! On a fait des excursions et on a vu des volcans de très près ! Les plages aussi sont très belles !
Mais je te raconterai tout ça bientôt. D'accord ?
Je t'embrasse, Benjamine.

1. Quel événement va raconter Gaia à Benjamine ? Justifie.   une fête   un mariage   un anniversaire
2. Quand Benjamine propose-t-elle de voir Gaia ?   dans deux jours   la semaine prochaine   le mois prochain
3. Benjamine a visité quel continent ?   l'Amérique   l'Asie   l'Afrique   l'Europe   l'Océanie
4. De quel monument parle-t-elle dans son mail ?

 A    B    C

5. Elle a vu quel(s) paysage(s) ?

 A    B    C

Production orale

b. Tu as la possibilité de faire un voyage où tu veux. Quels continents et pays choisis-tu ? Quels types de monuments et de paysages t'intéressent ? .../5

Compréhension de l'oral

2 a. 082 Écoute. Vrai ou faux ? Justifie. .../5

1. Lara et Nino vont faire un voyage à Nantes avec leurs parents.
2. Ils ont une réunion avec leur professeur dans deux jours et ils partiront en voyage dans six semaines.
3. Ils visiteront une cathédrale, un château et la mairie.
4. Ils iront dans des îles.
5. Saint-Nazaire ne se trouve pas très loin : à 65 kilomètres à l'ouest de Nantes.

Production écrite

b. Dans un mois, un(e) ami(e) étranger/ère viendra passer une semaine chez toi. Tu lui écris un mail. Tu lui expliques les visites que vous ferez avec tes parents (villes de la région, monuments, paysages...). (60 à 70 mots) .../5

LEÇON 11 — Manger équilibré

Document 1 🎧 083

Nils et Albane sont à la cantine.
Ils regardent le menu
et choisissent leurs plats.

1 Observe la photo et lis la phrase d'introduction.
  1. Où sont les ados ?
  2. Que font-ils ?

2 🎧 083 Écoute.
  a. Associe les photos aux mots de la boîte à outils.

1   2   3   4   5

  b. Qu'est-ce que Nils et Albane choisissent ? Attention, il y a un intrus !

  c. 💬 À quelle partie du repas correspondent les photos de l'activité **a** ?

  > La photo 1, c'est un plat.

  d. Pourquoi est-ce que Nils prend un fruit ? Donne deux raisons.

3 a. 🎧 083 Réécoute et complète les phrases avec les mots corrects.
  **les pâtes / des pâtes • les légumes / des légumes • la viande / de la viande •
  les tomates / des tomates • le riz / du riz • l'eau / de l'eau •
  les carottes / des carottes**

  1. Nils et Albane prennent … , … , … , … , … , … .
  2. Albane n'aime pas beaucoup … , … .
  3. Nils aime … : c'est son plat préféré.
  4. Albane a pris … en entrée.
  5. Albane boit toujours … .

  b. 💬 Par deux. Observez les photos de l'activité **2a**. Posez-vous les questions suivantes.

  > Qu'est-ce que tu manges souvent ?
  > Je mange souvent des pâtes.
  > Quel est ton plat préféré ?
  > Mon plat préféré, ce sont les pâtes !

Les aliments et les boissons

une carotte
l'eau *(fém.)*
un fruit
un gâteau
un légume
les pâtes *(fém.)*
le riz
une tomate
le sucre
la viande

Les plats

l'entrée *(fém.)*
le plat
le dessert

Les articles partitifs

Je prends { **du** riz
de la viande
de l'eau
des carottes

! J'aime / Je n'aime pas **les** légumes, **la** viande.

Le verbe *boire* : p. 81

Unité 6

Document 2 🎧 084

Document vidéo

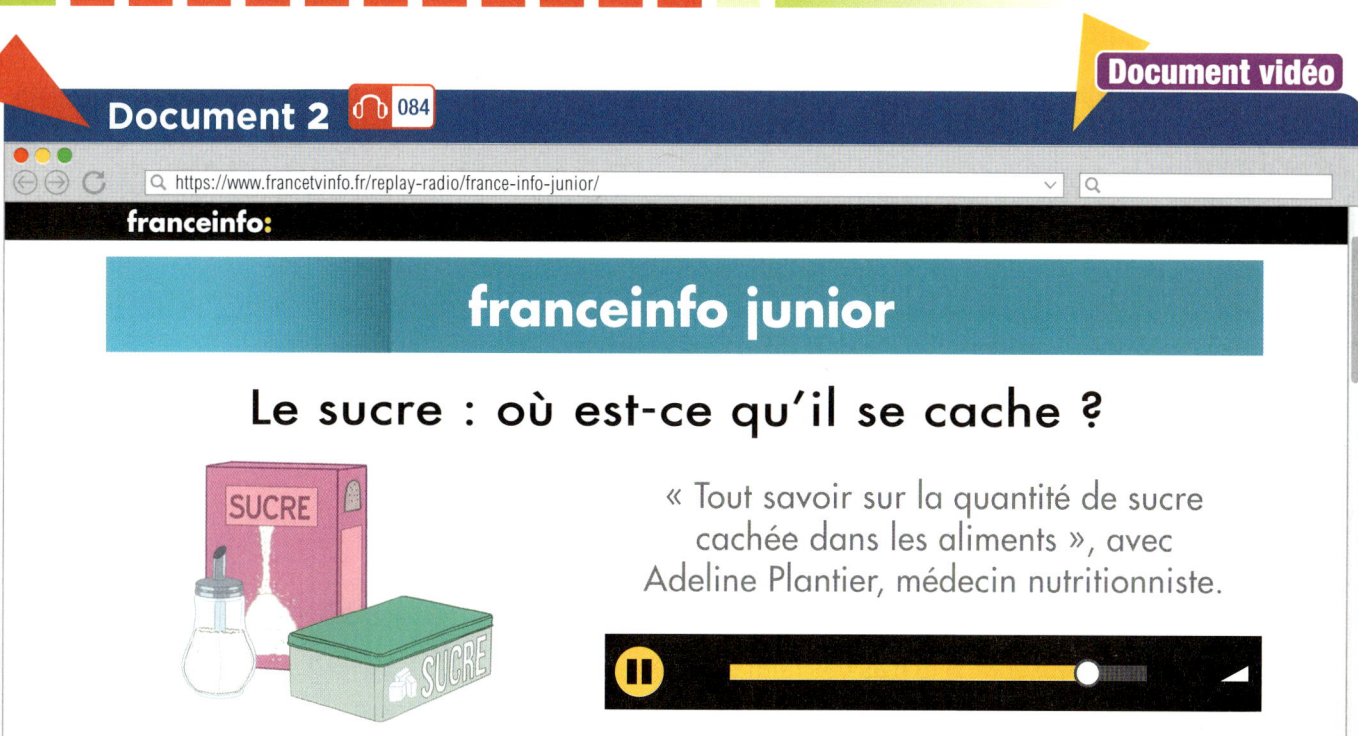

franceinfo junior

Le sucre : où est-ce qu'il se cache ?

« Tout savoir sur la quantité de sucre cachée dans les aliments », avec Adeline Plantier, médecin nutritionniste.

4 Observe et lis. Quel est le thème de l'émission ? Choisis.
1. La quantité de sucre dans les aliments.
2. Comment ne pas manger trop de sucre.
3. Les ados et leur consommation de sucre.

5 🎧 084 Écoute. Vrai ou faux ? Justifie.
1. Un(e) Français(e) consomme 25 kilos de sucre chaque année.
2. L'OMS conseille 35 grammes de sucre par jour et par personne.
3. Il y a un peu de sucre dans les pâtes.
4. Un paquet de gâteaux contient 6 morceaux de sucre.

6 a. 🎧 084 Réécoute. Il y a du sucre dans quels aliments ?

> On en trouve...   Il y en a beaucoup/un peu...

b. 💬 **En groupes.** Trouvez d'autres aliments avec du sucre. Comparez vos réponses avec les autres groupes.

> Il y en a beaucoup dans les boissons...

Exprimer des quantités et des mesures

35 **grammes de** sucre
25 **kilos de** sucre

une **boîte de** légumes

un **morceau de** sucre

un **paquet de** gâteaux

Le pronom *en* COD

Du sucre, il y **en** a dans tous les aliments ?
On **en** trouve dans...
Il y **en** a beaucoup dans...

7 ✏️💬 **Imaginons un menu équilibré !**

En groupes
a. Listez vos aliments préférés (fruits, légumes, viande, yaourts...).
b. Imaginez un menu équilibré à partir de votre liste.
c. La classe vote pour le menu le plus équilibré.

> En dessert, on choisit un yaourt, un fruit ou un morceau de gâteau ?

Carte mentale p. 76-77

LEÇON 12 — Pour être en forme

Document

YOGA · CUISINE VÉGÉTALE · ATELIERS ÉVÉNEMENTS · CARTE CADEAU · NATUROPATHIE · À PROPOS

SUPERBANANE
www.superbanane.fr

BIEN DANS TON CORPS · BIEN DANS TA TÊTE · BIEN DANS TON ASSIETTE

Chercher sur ce site

Écoutes-tu ton corps ?

Notre corps nous parle mais, souvent, nous ne l'écoutons pas. Par exemple…

➜ **Écoutes-tu ton ventre quand tu manges ?**
Tu viens de finir ton repas et tu veux reprendre encore un peu de dessert ?
Tu ne dois pas te resservir si tu n'as pas faim !

➜ **Écoutes-tu ton corps quand tu as mal ?**
Tu viens de passer deux heures devant un ordinateur et tu as mal au dos ?
Ton corps a besoin de bouger ! Tu dois marcher ou courir !

➜ **Que fais-tu quand tu ne te sens pas en forme ?**
Tu viens de te réveiller et tu es fatigué(e) ? Dors-tu assez la nuit ? Bois-tu assez pendant la journée ?
Il faut dormir au moins huit heures et boire plus d'un litre et demi d'eau par jour.

Pour être bien dans sa tête, il ne faut pas oublier son corps !
Voici des conseils pour apprendre à écouter tes besoins :
Tu t'installes le dos droit. Tu mets tes mains sur tes jambes.
Tu fermes les yeux et tu écoutes ton corps…

1 Lis l'article. Quels types de conseils est-ce qu'il donne ? Choisis.
Des conseils pour : 1. manger équilibré. 2. écouter son corps. 3. être bien dans sa tête.

2 Relis.
  a. À quelles sensations correspondent les photos ? Complète.

A — Je suis … .

B — …

C — …

D — …

Exprimer des sensations

J'ai / Je n'ai pas faim.
J'ai mal au dos.
Mon corps a besoin de bouger.
Je me sens / Je ne me sens pas en forme.
Je suis fatigué(e).

Le verbe *sentir* : p. 81

Unité 6

b. Quel conseil donne l'article aux ados des photos A, B et C de l'activité a ?

> Photo A : Il faut…

Exprimer l'obligation et l'interdiction

Il faut
Tu dois
Il ne faut pas
Tu ne dois pas
} + infinitif

Le verbe *devoir* : p. 81

3 Par deux. Choisis une sensation. Ton/Ta camarade te donne un conseil.

> J'ai faim !
> Tu dois…

4 a. Observe les dessins. Ils ont fait quelles actions juste avant ? Aide-toi de l'article et complète.

Le passé récent

Venir de + infinitif
Tu viens de finir ton repas.

 1
 2
 3

1. *Elle vient de …*

b. Et toi, qu'est-ce que tu as fait juste avant ce cours ?

> Je viens de…

5 Relis l'article et observe les dessins.

a. Pour écouter son corps, l'article conseille quelle position ? Choisis le dessin correct.

 A
 B
 C

Les parties du corps

le dos
la jambe
la main
la tête
le ventre

b. Associe les numéros aux parties du corps.

6 **Créons un « guide santé » pour ados !**

Carte mentale
p. 76-77

En groupes

a. Choisissez un sujet :
guide pour bien manger • guide pour bien dormir • guide pour être en forme

b. Écrivez des conseils et réalisez votre guide.

c. Présentez vos guides à la classe.

Guide pour bien manger
Il faut boire 2 litres d'eau par jour !
Ton corps en a besoin !

Lexique et Communication

🎧 085 Les aliments et les boissons

Les légumes (masc.)
- une carotte
- une tomate

Autres aliments (masc.)
- le pain
- les pâtes (fém.)
- un œuf
- un gâteau
- la viande
- le poisson
- le sucre
- un yaourt
- le fromage
- le riz

Les boissons (fém.)
- l'eau (fém.)
- le jus de fruits
- le lait

Les fruits (masc.)
- une banane
- une pomme

🎧 087 Exprimer des quantités et des mesures

- 35 **grammes de** sucre
- 2 **kilos de** sucre
- **un litre d'**eau
- **une boîte de** légumes
- **une bouteille d'**eau
- **un morceau de** sucre
- **un paquet de** gâteaux

MOI ET

🎧 086 Les plats

- l'entrée (fém.)
- le plat
- le dessert

Les aliments et les boissons

1 💬 **En groupes.** Dessine un aliment que tu aimes et un aliment que tu n'aimes pas. Tes camarades devinent.

> Tu aimes les pommes et tu n'aimes pas les bananes.

Unité 6

MON BIEN-ÊTRE

🎧 090 Les parties du corps

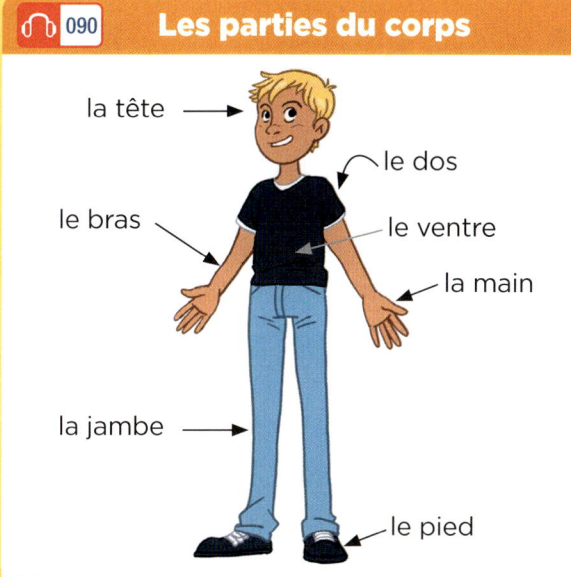

- la tête
- le dos
- le bras
- le ventre
- la main
- la jambe
- le pied

🎧 088 Exprimer des sensations

 J'ai besoin de bouger.

 J'ai chaud.  ≠ J'ai froid.

 J'ai envie de dormir.

 J'ai mal à la tête. J'ai mal au dos.

 J'ai faim. J'ai soif.

 Je suis fatigué(e).

Je suis malade.

 Je me sens bien. ≠ Je ne me sens pas bien.
Je suis en forme. Je ne suis pas en forme.

🎧 089 Exprimer l'obligation et l'interdiction

Il **faut** marcher ou courir. Tu **dois** marcher ou courir.
Il **ne faut pas** te resservir. Tu **ne dois pas** te resservir.

Les plats

2 Par deux. Dis une lettre. Ton/Ta camarade dit si c'est une entrée, un plat ou un dessert.

 A
 B
 C
 D
 E
 F

— A
— C'est une entrée !

Lexique et Communication

Exprimer des quantités et des mesures

3 **Par deux.** Observe le dessin et dis le nom d'un aliment. Ton/Ta camarade indique la quantité comme dans l'exemple.

— Il y a du riz ?
— Oui, il y a deux paquets de riz !

Exprimer des sensations

4 **Par deux.** Choisis une situation et dis-la à ton/ta camarade. Il/Elle complète avec une sensation. (Plusieurs réponses possibles.)

a. Je vais me coucher parce que…
b. Je vais chez le médecin parce que…
c. Je vais faire du sport parce que…
d. Je mange parce que…
e. Je bois de l'eau parce que…
f. Je mets un pull parce que…

Exprimer l'obligation et l'interdiction

5 Associe. (Plusieurs possibilités.)

a. Pour manger équilibré,
b. Pour bien dormir,
c. Pour être en forme,

il faut
il ne faut pas
tu dois
tu ne dois pas

1. utiliser ton téléphone après 20 heures.
2. te coucher toujours à la même heure.
3. bouger et faire du sport.
4. manger cinq fruits et légumes par jour.
5. manger trop de sucre.
6. bien dormir.

6  Écoute ces ados. Quels conseils peux-tu leur donner ? Utilise les expressions suivantes.

il faut   il ne faut pas   tu dois   tu ne dois pas

— Je suis malade !
— Tu dois rester chez toi !

Les parties du corps

7 **Complète.**

A
J'écris avec ma … .

B
Je marche avec mes … .

C
Je porte un sac sur mon … .

D
Je nage avec mes … et mes … .

E
Je joue au foot avec ma … .

F
J'ai mal au … .

Grammaire et Verbes

Unité 6

Les articles partitifs

Les articles partitifs indiquent une quantité indéterminée.

Je vais prendre { **du** riz. **de la** viande. **des** carottes.

Je bois **de l'**eau.

! Avec une négation :
Je **ne** prends **pas de** riz, **pas de** viande, **jamais de** carottes.
Je **ne** bois **pas d'**eau.

! J'aime **le** riz, **la** viande, **les** carottes...
→ Je n'aime pas **le** riz, **la** viande, **les** carottes....

1 Par deux. Dis le nom d'un aliment ou d'une boisson. Ton/Ta camarade dit qui le mange/la boit.

2 Choisis l'option correcte.

a. Tu as aimé **la** / **de la** / **une** viande de la cantine ?
b. Mon aliment préféré, c'est **le** / **de la** / **du** riz.
c. On achète **une** / **les** / **des** bananes pour le dessert ?
d. Jeanne n'aime pas **le** / **du** / **un** poisson. Mais elle mange souvent **la** / **de la** / **une** viande.
e. Tu veux **du** / **le** / **un** fromage avant ton dessert ?
f. Tu ne bois pas **l'** / **de l'** / **d'**eau ?

3 Par deux. Observez le dessin. Qu'est-ce que tu prends ou tu ne prends pas au petit-déjeuner ? Compare avec ton/ta camarade.

Je mange toujours du pain.

Moi, je ne mange pas de pain. Je prends...

Le pronom *en* COD

Le pronom *en* remplace un COD précédé :

▶ d'un article indéfini
Je mange **un** gâteau. → J'**en** mange **un**.

▶ d'un partitif
Du sucre ? Il y **en** a dans tous les aliments.

▶ d'un adverbe ou d'une expression de quantité
• Il y a **beaucoup de** sucre. → Il y **en** a **beaucoup**.
• Une boîte de légumes contient **2,5 morceaux de** sucre. → Une boîte de légumes **en** contient **2,5 morceaux**.

! Avec un semi-auxiliaire : Je **vais en** manger.
! Avec une négation : Je **n'en** mange **pas**. Je **ne** veux **pas en** manger.

Grammaire et Verbes

4 🎧 092 Écoute. De quoi on parle ? Associe les phrases aux photos.

A B C D E F

Phrase n°...

| PRONONCIATION | La liaison avec le pronom *en* |

7 a. 🎧 093 Écoute les phrases.
1. J'en ai mangé.
2. On en mange trop.
3. J'en bois beaucoup.
4. Il y en a trois.
5. Tu en achètes ?
6. Tu en veux ?

b. Répète les phrases. Fais les liaisons (‿) si nécessaire.

Le passé récent

Le passé récent exprime une action réalisée dans un passé immédiat.

Formation :
venir au présent + **de** + infinitif
Tu **viens de** finir ton repas.

8 Quelles phrases sont au passé récent ?
a. Nora vient de manger une banane.
b. Tu viens manger chez moi ?
c. On vient de sortir de la cantine.
d. Vous venez d'où ?
e. Mon frère et moi, nous venons de faire un gâteau.
f. Tes amis viennent au cours de danse ?
g. Je viens de faire une heure de sport.

5 Retrouve les COD puis transforme les phrases avec le pronom *en*.

Ex. : *Élise mange des pâtes.*
→ *COD : des pâtes*
→ *Élise en mange.*

a. Vous prenez un dessert ?
b. Je mets toujours du sucre dans mon yaourt.
c. Elle achète un kilo de pommes.
d. Tu veux un peu de gâteau ?
e. Nous ne mangeons pas de poisson.

9 💬 **Par deux.** Choisis une photo et dis ce que la ou les personnes viennent de faire. Ton/Ta camarade devine la photo.

A

B

C

D

6 💬 **En groupes. Prépare trois devinettes sur ton alimentation. Tes camarades devinent l'aliment.**

J'**en** mange toujours au petit-déjeuner.

Du pain ?

Unité 6

Le verbe *boire*

10 🎧 094 **Écoute et répète.**

Je b**oi**s
Tu b**oi**s
Il/Elle/On b**oi**t
Nous b**uv**ons
Vous b**uv**ez
Ils/Elles b**oiv**ent

11 a. Reconstitue les formes verbales.

boi • buv • boiv
-ez • -t • -ent • -ons • -s

b. Complète les phrases avec les formes verbales de l'activité a.

a. Je ne *bois* pas assez d'eau.
b. Marie et moi, nous … du jus de fruits.
c. Thomas et Noëllie … beaucoup après le sport.
d. Ton père et toi, vous … un peu de lait le soir ?
e. Tu ne … rien ?
f. Lina … un jus de pomme tous les matins.
g. On … quoi avec ce plat ?

Le verbe *devoir*

12 🎧 095 **Écoute et répète.**

Je d**oi**s
Tu d**oi**s
Il/Elle/On d**oi**t
Nous d**ev**ons
Vous d**ev**ez
Ils/Elles d**oiv**ent

13 Transforme les phrases avec le verbe *devoir*.

a. Il faut faire attention à ton alimentation.
→ Tu … .
b. Il ne faut pas rester trop longtemps devant un ordinateur.
→ Nous … .
c. Il faut manger le matin pour être en forme.
→ Vous … .
d. Il ne faut pas oublier de faire du sport.
→ Je … .
e. Il faut dormir neuf heures par nuit minimum.
→ Elles … .
f. Il ne faut pas sortir quand on est malade.
→ On … .

Le verbe *(se) sentir*

14 🎧 096 **Écoute et répète.**

Je (me) sen**s**
Tu (te) sen**s**
Il/Elle/On (se) sen**t**
Nous (nous) sen**tons**
Vous (vous) sen**tez**
Ils/Elle (se) sen**tent**

Autres verbes comme *(se) sentir* :
dormir → je dor**s**, nous dor**mons**
(se) servir → je (me) ser**s**, nous (nous) ser**vons**
sortir → je sor**s**, nous sor**tons**

15 Conjugue les verbes au présent de l'indicatif.

a. Nous … (*sortir*) faire une promenade après nos devoirs.
b. Tu … (*se sentir*) en forme aujourd'hui ?
c. Moi, je … (*dormir*) neuf heures par nuit !
d. Ma sœur ne … (*sortir*) pas aujourd'hui : elle a mal au ventre.
e. Vous ne … (*se sentir*) pas bien ? Vous êtes malade ?
f. Les ados … (*dormir*) beaucoup !

Évaluation

Compréhension de l'écrit

1 a. Lis l'article. Vrai ou faux ? Justifie. (2 points) .../5

> Quand on est adolescent, il faut faire attention à son alimentation. Tu dois faire au minimum trois repas par jour parce que ton corps a besoin d'énergie.
> Le petit-déjeuner est un repas très important. Tu dois manger du pain, prendre un jus de fruits par exemple, et un yaourt ou du lait. À midi, il faut manger équilibré, avec une entrée, un plat et un dessert. Tu peux choisir de la viande ou du poisson avec des pâtes ou du riz pour ne pas avoir faim jusqu'au soir.
> Pour bien dormir, il ne faut pas trop manger au dîner : un plat de légumes ou des œufs, par exemple ! Et puis si tu as faim après les cours, tu peux prendre un petit goûter. Mais pas de gâteaux ou de boissons sucrées : ils ne sont pas bons pour la santé ! Prends un fruit !

1. Quand on est ado, on doit manger trois ou quatre fois par jour.
2. On doit faire un gros repas le soir.

b. Selon le texte, qu'est-ce qu'il faut manger ? Associe. Attention, il y a des intrus ! (3 points)

au petit-déjeuner · au déjeuner · au goûter

 A  B  C  D  E

Production orale

c. Par deux. Explique à ton/ta camarade ce que tu manges à chaque repas. Il/Elle dit ce que tu dois faire pour équilibrer ton alimentation. .../5

— Le matin, je mange une banane.
— Ce n'est pas assez ! Tu dois manger du pain et boire...

Compréhension de l'oral

2 a. 🎧 097 Écoute la conversation entre Marius et sa grand-mère. .../5

1. Comment se sent Marius ?
2. Est-ce qu'il a bien mangé à midi ? Pourquoi ?
3. Qu'est-ce qu'il vient de faire ?
4. Pour sa grand-mère, pourquoi est-ce qu'il se sent comme ça ?
5. Pour sa grand-mère, qu'est-ce qu'il a besoin de faire ?

Production écrite

b. Tu participes à un forum sur le bien-être. Réponds à Lucinda et parle de ton expérience. (70 à 80 mots) .../5

Bien-être   Forum

Lucinda — Salut à tous ! J'ai 13 ans et je me sens toujours fatiguée. Est-ce que c'est normal ? Comment faire pour être en forme ? Vous avez des idées ?

Ressources +

Unité 1
Vidéo (Leçon 1 – Document 2) 84
Culture et Citoyenneté • La géographie de la France 86
Mon cours de géographie 88

Unité 2
Culture et Citoyenneté • Bienvenue à Paris 90
Mon cours d'histoire 92

Unité 3
Culture et Citoyenneté • Transports originaux 94
Mon cours d'EMC 96

Unité 4
Vidéo (Leçon 7 – Document 2) 98
Culture et Citoyenneté • Vêtements et recyclage 100
Mon cours d'arts plastiques 102

Unité 5
Culture et Citoyenneté • La France d'outre-mer : les DROM-COM 104
Mon cours d'histoire des arts 106

Unité 6
Vidéo (Leçon 11 – Document 2) 108
Culture et Citoyenneté • La gastronomie française 110
Mon cours de mathématiques 112

Vers le DELF A2 114
Précis de grammaire 122

Vidéo

Leçon 1 - Document 2

1 Observe la capture d'écran. À ton avis, de quoi s'agit-il ?
1. D'un dessin animé.
2. D'un jeu vidéo.
3. D'un reportage sur une maison.

2 Regarde la vidéo sans le son.

a. Vérifie ton hypothèse à l'activité 1.

b. Choisis.

La villa de la jungle, c'est :
1. un appartement.
2. une grande maison.
3. un immeuble.

3 a. Regarde la vidéo avec le son. Dans quel ordre visite-t-on les pièces de la maison ?

Unité 1

b. Observe les images. De quelles pièces s'agit-il ?

La chambre des parents !

A

B

C

D

La maison
la chambre
la cuisine
la salle à manger
la salle de bains
le salon
les toilettes

4 Regarde encore.

a. Complète les phrases.
1. Dans la salle à manger, il y a une grande … et des … .
2. Dans le salon, il y a un petit … , une … et deux … .
3. Dans la chambre des enfants, il y a deux petits … , un … et un … .

b. Réponds aux questions. Utilise les prépositions de la boîte à outils.

le bureau   la cuisine   le salon

1. Où est la salle à manger ?
2. Où est la télé ?
3. Où est l'ordinateur ?

Les meubles
un bureau
un canapé
une chaise
un lit
une table
une télé

Les prépositions et adverbes de lieu
à côté (de)

dans

sur

5 Imaginons notre maison idéale !

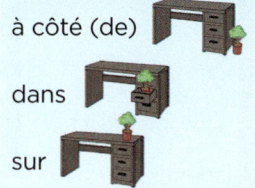
Carte mentale p. 16-17

En groupes
a. Dessinez votre maison idéale.
b. Affichez votre dessin et présentez votre maison à la classe.
c. La classe pose des questions et vote pour la plus belle maison.

Là, c'est… et, à côté, il y a…

Il y a combien d'étages ?

quatre-vingt-cinq 85

Culture et Citoyenneté

Doc. 1

Situation et régions

La France a une superficie de 551 695 km². Elle a des frontières avec la Belgique, le Luxembourg, l'Allemagne, la Suisse, l'Italie, l'Espagne, Andorre et Monaco.
La mer du Nord, la Manche, la mer Méditerranée et l'océan Atlantique bordent la France.
Elle a treize régions en métropole[1] et cinq départements et régions d'outre-mer[2].

---

1 Territoire européen de la France (la France et la Corse). • 2 De l'autre côté de la mer.

Une plage de Martinique.

Un port de Bretagne.

COMPÉTENCES citoyennes

La protection de nos paysages

1 Associe les mots aux photos.

le bord de mer   le fleuve   la forêt   la montagne   la plaine

 1

 2

 3

 4

 5

2 Quelles photos représentent de bons gestes pour protéger les paysages ?

---

1 Dans ton pays, est-ce qu'il y a des régions ? Combien ? Des fleuves, des montagnes ?

2 Lis les documents et réponds.
   a. **(Doc. 1)** Quels pays ont une frontière avec la France ?
   b. **(Doc. 1)** Quel océan borde la France ?
   c. **(Doc. 1)** Comment s'appelle la région française qui est une île ? Dans quelle mer se trouve-t-elle ?

La géographie de la France

Unité 1

Doc. 2
Paysages et reliefs

La France a cinq **chaînes de montagnes** : le Massif central, les Vosges, le Jura, les Pyrénées et les Alpes.
Le mont Blanc est situé dans les Alpes et fait 4 809 mètres. C'est le plus haut sommet d'Europe occidentale.
Il y a aussi beaucoup de **plaines** et de **forêts**.

Le mont Blanc. — un sommet — un lac

La plaine d'Alsace.

La forêt de Fontainebleau.

Il y a cinq grands **fleuves** :
- **Le Rhin** (1 232 km)
- **La Loire** (1 020 km)
- **Le Rhône** (812 km)
- **La Seine** (776 km)
- **La Garonne** (650 km)

Le pont d'Avignon, sur le Rhône.

La Loire, à Nantes.

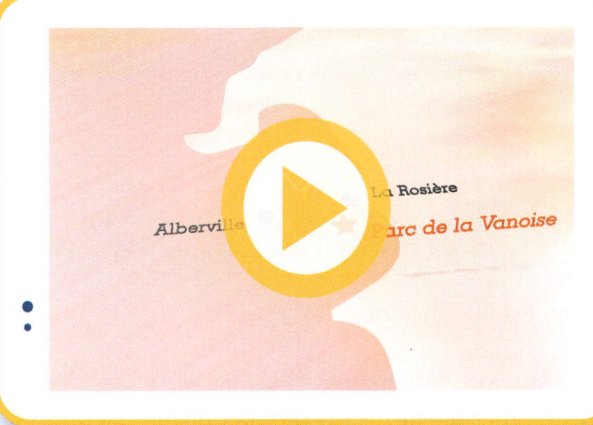

1 Observe la capture d'écran.
De quel parc va-t-on parler ? Situe-le sur la carte du **Doc. 2** (regarde le symbole ★).

2 🎬 Regarde la vidéo. Qu'est-ce que tu vois ?
des animaux • un fleuve / une rivière • des forêts • un lac • des montagnes • l'océan • une personne • une plaine • une ville

3 Combien de sommets de 3 000 mètres y-a-t-il dans ce parc ?

d. **(Doc. 2)** Observe la carte. Que représente la couleur marron sur la carte ? Et la couleur bleue ?
e. **(Doc. 2)** Quelle est la plus haute montagne de France ?
f. **(Doc. 2)** Quel est le plus long fleuve ? Il se trouve à la frontière de trois pays. Observe la carte et cite ces pays.

3 💬 ✏️ **En groupes.** Préparez un texte pour présenter votre pays (Docs. 1 et 2). Effacez des mots et donnez votre texte à un autre groupe. Il retrouve les mots manquants.

Mon cours de géographie

> **J'apprends à me repérer dans l'espace.**

1 Retrouve le nom des outils pour te repérer dans l'espace.

une carte **un globe** **un GPS** **un planisphère**

 1
 2
 3
 4

2 a. Associe les mots aux illustrations.

un continent **un département** **un pays** **une région** **la Terre** **un village**

 1
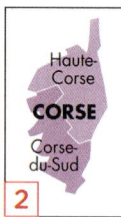 2
 3
 4
 5
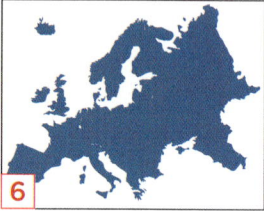 6

b. Classe les espaces de l'activité **a** du plus grand au plus petit.

… > un continent > … > une région > … > une ville > …

c. Et ton pays ? Quelle est son organisation géographique ?

> Dans mon pays, l'Allemagne, il y a des « landers »…

3 a. Lis et complète la description de la France avec des mots de l'activité **2**.

> La Terre est composée de 6 … : l'Afrique, l'Amérique (du Nord et du Sud), l'Antarctique, l'Asie, l'Europe et l'Océanie.
> La France se trouve en Europe. Elle a des frontières avec 8 … : Andorre, l'Allemagne, la Belgique, l'Espagne, l'Italie, le Luxembourg, Monaco et la Suisse. Elle est composée de 13 … (12 + la Corse) qui sont divisées en … . Paris, Marseille, Lyon, Toulouse et Nice sont les cinq principales … de France.

b. Le jeu de l'information fausse.
En groupes. Écrivez la description d'un pays comme dans l'activité **3a** mais avec une erreur. Lisez votre description. La classe trouve l'erreur.

> L'Allemagne se trouve en…. Elle a des frontières avec… Ses principales villes sont…

Unité 1

> **J'apprends à lire une carte.**

4 a. À ton avis, quelles informations donnent les cartes suivantes ? Choisis.

le climat   les réseaux de transport   les pays dans le monde   les pays francophones

les principales villes de France   les principaux monuments de France   le relief

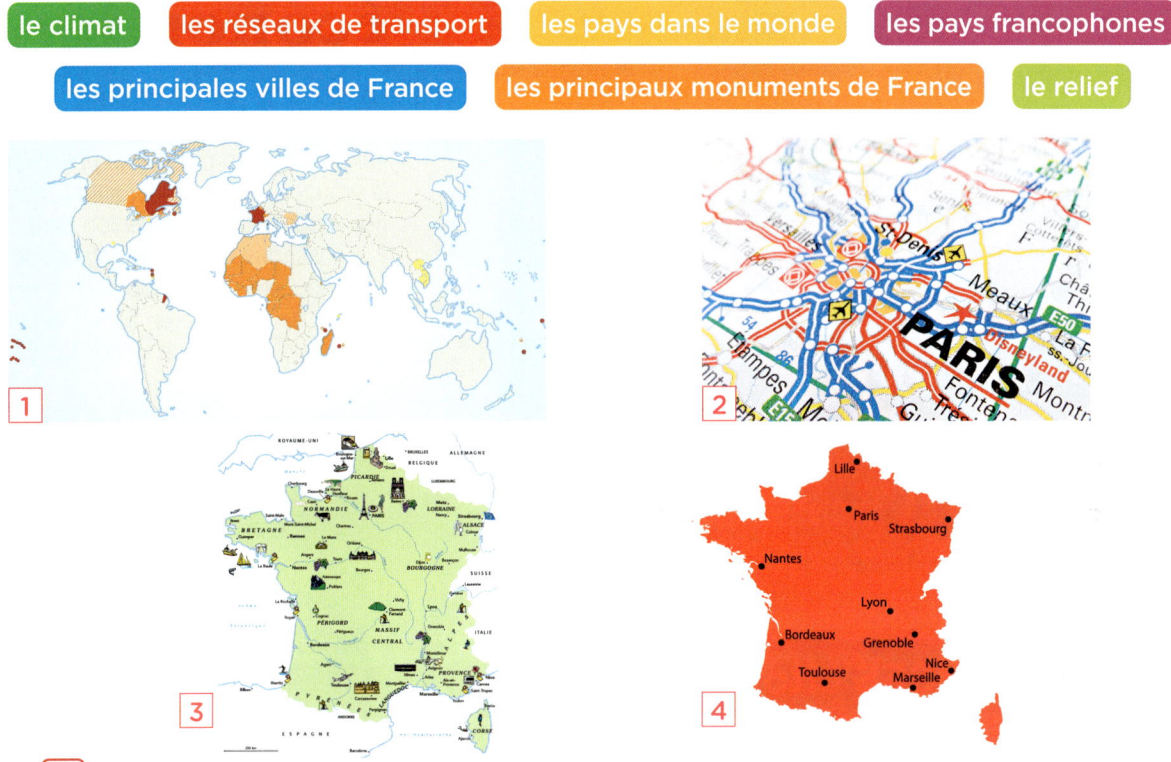

b.  **En groupes. Choisis une carte dans ton livre de géographie ou sur Internet. Montre-la à tes camarades. Ils disent quelles informations donne la carte.**

Cette carte donne des informations sur les principales villes du monde.

5 a. Observe les cartes de l'activité 4a. Comment représente-t-on...

1. une ville ?
2. les pays ?
3. une frontière ?
4. un océan ?
5. un réseau de transport ?
6. un aéroport ?

Les légendes :
a. un point
b. une ligne
c. une surface de couleur
d. un symbole

b. Quelles légendes utilises-tu pour représenter les éléments suivants ?

une autoroute

une chaîne de montagnes

un port

un fleuve

quatre-vingt-neuf 89

Culture et Citoyenneté

Doc. 1
Une capitale politique

L'entrée du palais de l'Élysée, rue du Faubourg-Saint-Honoré.

Paris devient la capitale de la France en 508. C'est le centre du pouvoir politique. Le président de la République habite au palais de l'Élysée et le Premier ministre à l'hôtel de Matignon.

L'hôtel de Matignon, rue de Varenne.

Doc. 2
Une capitale économique

Paris est le centre économique de la France. Beaucoup de grandes entreprises françaises, comme par exemple Renault et le groupe LVMH (Louis Vuitton, Dior…), se trouvent à Paris ou en région parisienne. Il y a aussi des entreprises françaises liées aux nouvelles technologies, comme le service de musique en ligne Deezer ou le service de partage de vidéos Dailymotion.

La Défense, quartier des affaires.

COMPÉTENCES citoyennes
Le pouvoir politique en France

Lis et associe.

> En France, dans chaque ville, les habitants élisent (choisissent par vote) leur maire tous les 6 ans.
> Les citoyens français élisent le chef de l'État, le président de la République tous les 5 ans. Le président choisit le Premier ministre pour diriger le Gouvernement.

1. Qui vote pour qui ?
   - Les habitants d'une ville
   - Tous les citoyens français

   votent pour
   - le président de la République.
   - le maire.

2. Qui dirige quoi ?
   Le maire • Le président • Le Premier ministre

   dirige…

l'État français

le Gouvernement français

la ville

---

1 Quelle est la capitale de ton pays ? Fais la liste des lieux importants de la capitale.

2 Lis les documents et réponds.
   a. **(Doc. 1)** Où habitent le président de la République et le Premier ministre ?
   b. **(Doc. 2)** Cite trois entreprises françaises qui se trouvent à Paris ou en région parisienne.

Bienvenue à Paris

Unité 2

1. **Observe la capture d'écran. À ton avis, le Marais, qu'est-ce que c'est ?**
   une ville • un quartier • un monument

2. **Vérifie ta réponse à la question 1.**

3. **Quels lieux et monuments peut-on voir ? Associe.**
   l'église • l'hôtel • le centre • la statue • la place

   des Vosges • Louis XIII • Saint-Paul • de Sully • Georges-Pompidou

4. **Quelles photos représentent des lieux ou monuments de l'activité 3 ? Attention, il y a un intrus !**

Doc. 3

Une capitale culturelle

À Paris, il y a plus de 150 musées. Le musée d'Orsay avec ses peintures impressionnistes, le centre Georges-Pompidou et le Palais de Tokyo pour l'art contemporain…

Le centre Georges-Pompidou.

Le musée d'Orsay.

Il y a aussi beaucoup de concerts et de spectacles (théâtre, danse, cirque…). Et Paris, c'est aussi 200 bouquinistes près de la Seine et 88 cinémas !

La Seine musicale, salle de spectacles et de concerts à Boulogne-Billancourt.

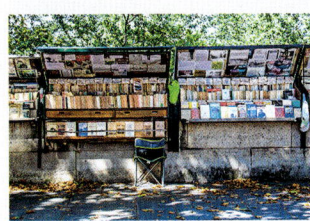

Stands de bouquinistes[1] près de la Seine.

[1] Stands de livres anciens

c. **(Doc. 3)** À Paris, où peut aller une personne qui aime : la musique et les spectacles ? les livres ? la peinture impressionniste ? l'art contemporain ?

3. **En groupes. Reprenez votre liste de l'activité 1. Quels lieux vous voulez visiter ? Pourquoi ? Partagez avec les autres groupes.**

Mon cours d'histoire

> **J'apprends à connaître des monuments et des villes historiques.**

1 🎧 098 Écoute et associe les monuments romains aux villes.

Reims   Nîmes (× 2)   Saintes   Orange   Vienne

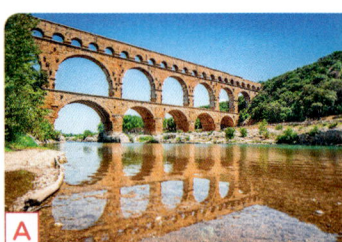
A

le pont du Gard, près de …

B

les arènes de …

C

le théâtre antique d'…

D

l'arc Germanicus à …

E

le temple d'Auguste
et de Livie à …

F

la porte de Mars à …

2 🎧 099 Observe la carte et écoute.

a. Comment s'appelle la France à l'époque des Romains ?

b. Associe les villes de l'activité 1 à leur nom romain.

c. Lutetia et Lugdunum sont les noms de quelles villes ?

d. 🎲 Par deux. Le jeu des villes romaines.
Choisis une ville de l'activité 1 et prépare une devinette. Les autres groupes devinent la ville.

> À l'époque des Romains, je m'appelle Nemausus. Je suis située à côté d'un grand pont.

> Nîmes !

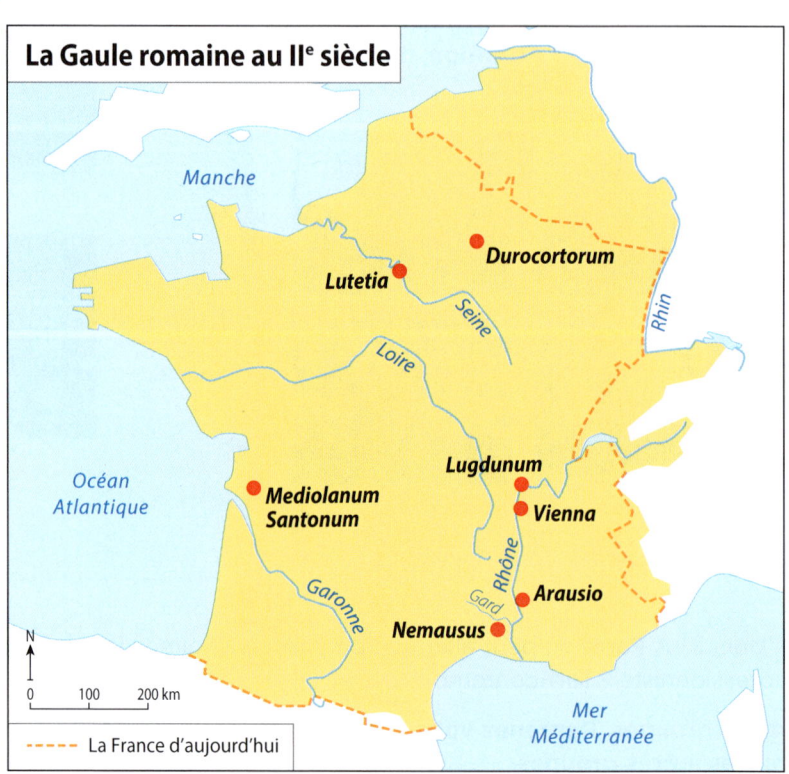

La Gaule romaine au IIe siècle

Unité **2**

J'apprends à découvrir une ville romaine.

3 a. Observe le plan de la ville de Nîmes. Retrouve le nom des monuments romains.

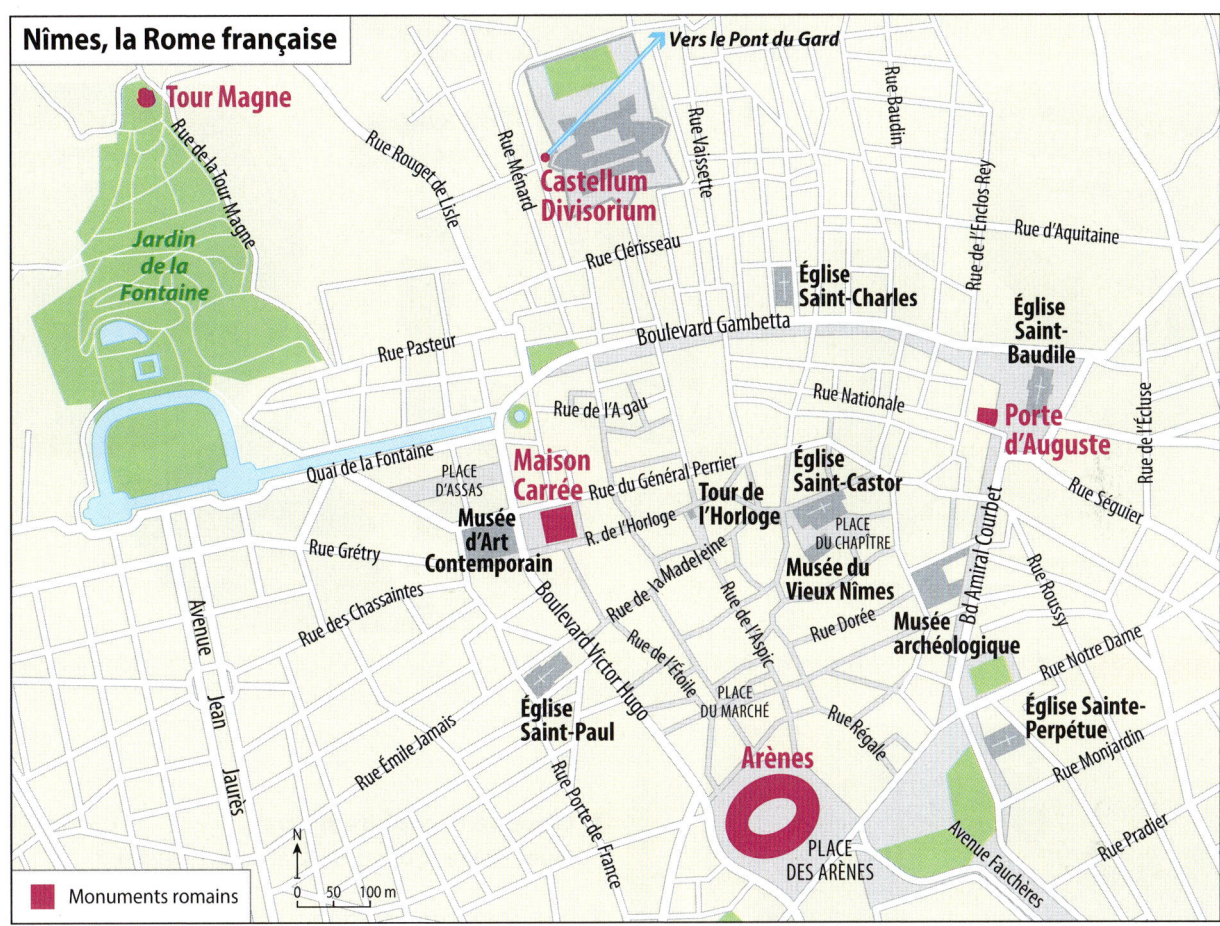

b. Observe et lis. Quels sont ces monuments ? Aide-toi du plan de l'activité **a**.

A

À l'époque romaine, c'est l'entrée de la ville.

B

Ce temple est au centre de la ville romaine.

C

C'est le point d'arrivée de l'eau transportée par le pont du Gard.

D

Les Romains montent son grand escalier pour observer la ville.

4 a. Lis la devinette. De quel monument de l'activité **3** s'agit-il ?

> Ce monument est sur une place, près de la place du Marché.

b. 💬 **Par deux.** Choisis un monument romain de Nîmes et dis où il se trouve. Ton/Ta camarade devine.

quatre-vingt-treize **93**

Culture et Citoyenneté

Doc. 1

Les NVEI ou VLEU
(NVEI = nouveaux véhicules électriques individuels
VLEU = véhicules légers électriques unipersonnels)

En ville, plus de 2 millions de Français se déplacent avec des VLEU.
Ils sont faciles à utiliser, légers et écologiques.

>>> Les principaux VLEU >>>

- la trottinette électrique
- le gyropode
- le skateboard électrique
- la monoroue
- l'hoverboard

1 Observe la capture d'écran. Quel est le moyen de transport utilisé ?

2 Regarde la vidéo.
a. Quels véhicules tu vois dans la vidéo ?
un vélo • un gyropode • un skateboard électrique • une trottinette électrique • une monoroue
b. Où circulent ces VLEU ?

sur le trottoir

sur la route

sur les places

sur les pistes cyclables

1 Observe les photos. Quels moyens de transport existent dans ton pays ? Est-ce que tu les utilises ?

2 Lis les documents et réponds.
a. **(Doc. 1)** Qu'est-ce qu'un VLEU ? Nomme les principaux VLEU.
b. **(Doc. 1)** Cite trois points positifs des VLEU.

Transports originaux

Unité 3

> Doc. 2

Des transports sympas pour visiter Paris

Dans Paris, les touristes peuvent utiliser des moyens de transport originaux :
- **le vélo :** c'est un moyen amusant pour découvrir les quartiers de Paris. Les **stations Vélib'** proposent des vélos dans toute la ville et aussi des vélos électriques : les Vélib' bleus ;
- **les bateaux :** on peut se déplacer sur l'eau (sur la Seine) avec les Bateaux Mouches ou les Batobus et admirer les monuments de la capitale ;
- **le funiculaire :** pour le prendre, on utilise un ticket de métro ; une bonne option pour visiter le Sacré-Cœur à Montmartre et ne pas monter 220 marches !

une station de Vélib'

un Bateau Mouche

le funiculaire

COMPÉTENCES citoyennes

Panneaux de signalisation

Associe chaque phrase au panneau correspondant.

 A   B  C  D

1. Interdit[1] aux vélos
2. Passage piéton
3. Piste cyclable
4. Réservé aux piétons et aux vélos

[1] Non autorisé.

c. (Doc. 2) À Paris, quel moyen de transport tu utilises quand : 1. tu passes sous des ponts ? 2. tu vas visiter un monument très célèbre, à Montmartre ? 3. tu te promènes dans les rues ?

3 💬 ✏️ **En groupes.** Quels moyens de transport peuvent utiliser les touristes dans votre ville ou région ? Comparez avec les autres groupes.

Mon cours d'EMC

> **J'apprends ce que signifie « vivre ensemble ».**

1 a. « Vivre ensemble », qu'est-ce que ça veut dire ? Associe.

écouter les idées des autres • aider • être poli(e) • partager
prendre soin du matériel • respecter les différences

Ex. : *1. être poli(e)*

b. Avec la classe. Où et avec qui pouvez-vous faire les actions de l'activité **a** ? Comparez vos réponses.

« On peut être poli avec ses camarades, au collège. »

2 a. Écoute. À ton avis, les personnes ont une bonne  ou une mauvaise attitude pour bien vivre ensemble ?

Ex. : a   Ex. : b

b. Réécoute. Pourquoi c'est une bonne ou une mauvaise attitude ? Choisis.

Ex. : *il aide sa sœur • il n'aide pas sa sœur*
→ *a : C'est une mauvaise attitude parce qu'il n'aide pas sa sœur.*
→ *b : C'est une bonne attitude parce qu'il aide sa sœur.*

1. elle est polie • elle n'est pas très polie
2. elles écoutent leur camarade • elles n'écoutent pas leur camarade
3. les élèves prennent soin du matériel • les élèves ne prennent pas soin du matériel
4. il est à l'heure • il n'est pas à l'heure

c. Par deux. Préparez des situations avec de bonnes ou de mauvaises attitudes pour vivre ensemble (à la maison, dans la rue, au cinéma…). Jouez les situations devant la classe.
Vos camarades disent si c'est une bonne ou une mauvaise attitude.

Éducation morale et civique

Unité 3

> **J'apprends à pratiquer le « vivre-ensemble » au collège.**

3 a. Lis et complète la liste dans ton cahier.

> Ma « to do list* » pour bien vivre ensemble au collège
> - dire, tous les jours, bonjour et au revoir à mes camarades, à mes professeurs...
> - prendre soin du matériel (ne pas écrire sur les tables...)
> - respecter les différences de mes camarades (leur physique, leur culture...)
> - prendre les cours de mes camarades absents
> - être poli(e) : dire s'il te/vous plaît, merci, désolé(e), pardon...
> - demander la parole pour m'exprimer
> - coopérer dans le travail de groupe
> - aider les élèves en difficulté
> - rapporter les livres à la bibliothèque ou au CDI, à la date prévue
> - ...

*Liste des choses à faire.

b. En groupes. Tu as déjà fait des actions de la « *to do list* » de l'activité **a** ? Qu'est-ce que tu penses faire dans le futur ? Compare avec tes camarades.

> Moi, je lève toujours la main pour parler dans la classe !

> Dans le futur, je vais arriver à l'heure en classe après la récréation.

4 En groupes. Créez une affiche pour bien vivre ensemble au collège. Choisissez cinq actions et illustrez-les. Exposez vos affiches.

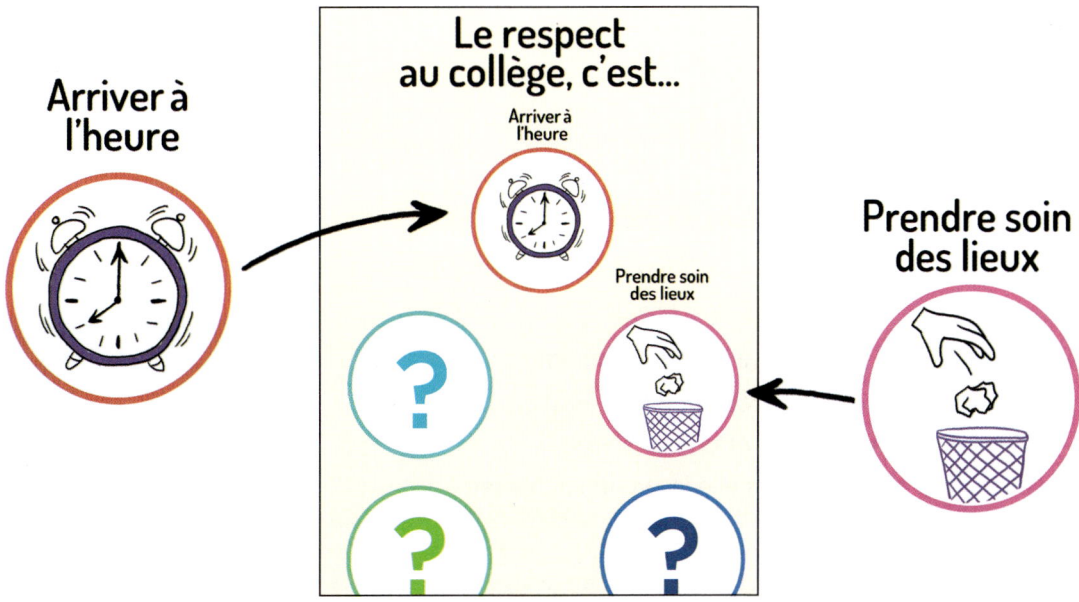

quatre-vingt-dix-sept **97**

Vidéo

Leçon 7 - Document 2

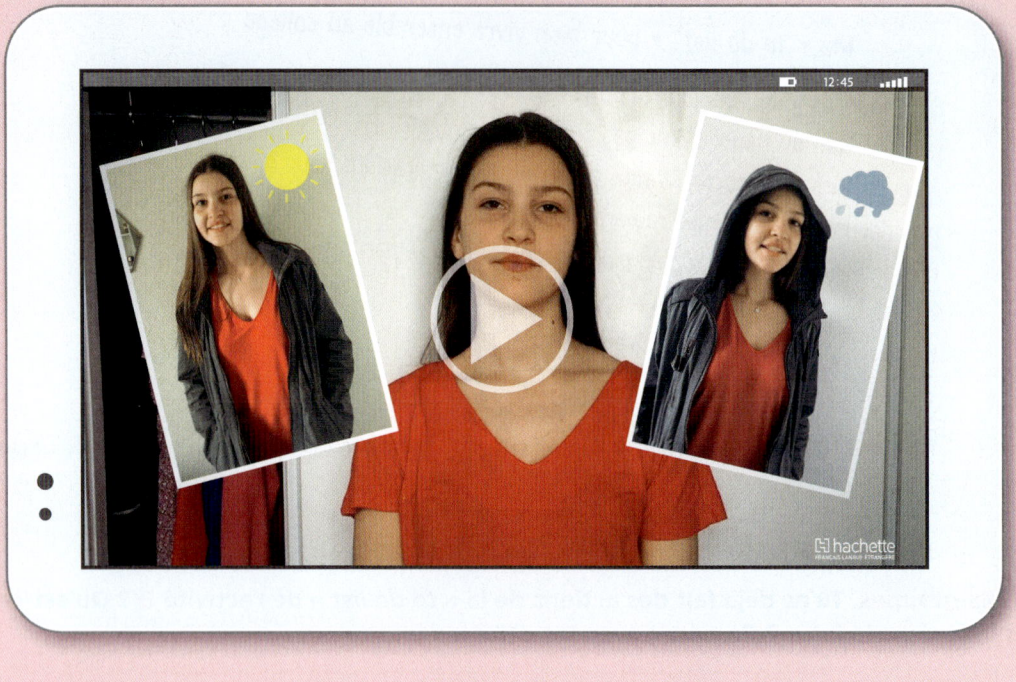

1 Observe la capture d'écran. À ton avis, que présente la vidéo ?
   1. La météo du jour.
   2. Les vêtements préférés d'une ado.
   3. Un magasin de vêtements.

2 Regarde la vidéo sans le son et vérifie ton hypothèse à l'activité 1.

3 Regarde la vidéo avec le son. Vrai ou faux ? Justifie.
   1. Camille achète beaucoup de vêtements dans les magasins.
   2. Elle n'a pas beaucoup de jeans et de tee-shirts.
   3. Quand elle a trop de vêtements elle les vend sur Vinted.

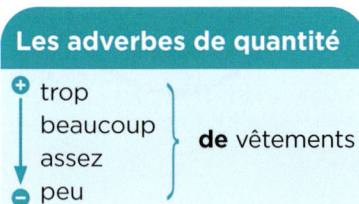

Les adverbes de quantité

+ trop
  beaucoup
  assez
− peu

de vêtements

Unité 4

4 Regarde encore et réponds.

a. Pourquoi Camille change-t-elle de taille de vêtements ?

b. Sur quel site choisit-elle ses vêtements ?

c. De quels vêtements ou accessoires parle-t-elle ? Dans quel ordre les nomme-t-elle ? Attention, il y a des intrus.

- un blouson
- une jupe
- un tee-shirt
- un sac
- un pantalon
- des baskets

Décrire un vêtement

tendance ≠ classique
large ≠ serré(e)
Il/Elle va avec tout.

Le verbe *essayer* : p. 57

5 Regarde à nouveau.

a. Complète les descriptions.
1. Les baskets sont ... donc elles ... .
2. Le tee-shirt de la mère de Camille est ... et ... .

b. Quand Camille met-elle...
- ses baskets ?
- son blouson ?

« Elle met ses baskets... »

c. En groupes. Décris ton vêtement préféré. Dis avec quoi et quand tu le mets (météo, saison). Tes camarades devinent.

« Je le mets quand il fait beau, au printemps ou en été. Il va avec... »

Parler de la météo et des saisons

Il pleut.
≠ Il fait beau.
au printemps
en été
en automne
en hiver

6 Écrivons une annonce pour vendre des vêtements !

Carte mentale
p. 52-53

a. Choisis trois photos de vêtements et écris une annonce pour les présenter.

Tee-shirt blanc classique
Taille 36
5 euros   Super pour l'été !

b. En groupes. Affichez les annonces dans la classe. Dites quels vêtements vous intéressent.

« Moi, je voudrais ce tee-shirt... »

Culture et Citoyenneté

Doc. 1

Donner pour recycler !

En France, on peut donner ses vieux vêtements à de nombreuses associations : le Secours populaire, la Croix-Rouge, Emmaüs… Ces associations donnent les vêtements ou les vendent.

Doc. 2

Acheter pour recycler !

Une friperie.

Un vide-grenier.

Si on veut acheter des vêtements pas chers et d'occasion, on peut aller dans les friperies. On peut aussi aller dans les vide-greniers pour vendre ou acheter de vieux vêtements, meubles ou objets.

1 Dans ton pays, est-ce qu'il y a des lieux pour donner ou acheter des vêtements d'occasion ?

2 Lis les documents et réponds.
   a. **(Doc. 1)** Cite trois associations où on peut donner des vêtements.
   b. **(Doc. 1)** Que font les associations avec ces vêtements ?

Vêtements et recyclage

Unité 4

Doc. 3

Transformer pour recycler !

Aujourd'hui, de nombreux créateurs et de nombreuses créatrices de mode donnent une deuxième vie aux vieux vêtements.

La marque Les Récupérables crée des vêtements avec du vieux linge de maison.

COMPÉTENCES citoyennes

Des idées écoresponsables

Observe et lis. Quelles idées sont écoresponsables ?

Je donne mes vieilles lunettes à des associations.

Je jette mes baskets parce qu'elles sont trop petites.

J'achète des tee-shirts en coton recyclé.

1 Observe la capture d'écran. À ton avis, une styliste, c'est :
- une vendeuse de vêtements.
- une fan de mode.
- une créatrice de vêtements.

2 Regarde la vidéo. Une chaussette orpheline, qu'est-ce que c'est ?

3 Cite trois vêtements qu'on peut acheter dans le magasin de Márcia de Carvalho.

c. **(Doc. 2)** Où est-ce qu'on peut acheter des vêtements d'occasion en France ?
d. **(Doc. 3)** Qu'utilisent Les Récupérables pour créer leurs vêtements ?

3 En groupes. Faites une liste de vêtements ou accessoires que vous voulez donner. À quelle(s) association(s) vous voulez les donner ?

cent un 101

Mon cours d'arts plastiques

> **J'apprends à reconnaître des mouvements de peinture.**

1 Observe ces vêtements de grands couturiers. Quels tableaux les ont inspirés ? Associe.

Les vêtements

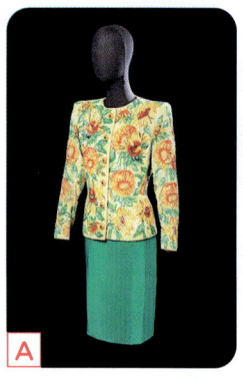 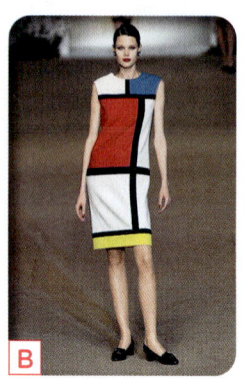 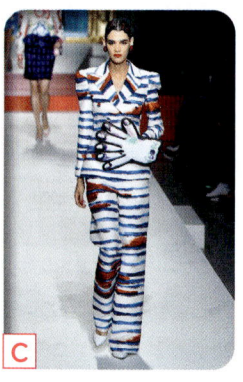 

A — *Veste,* Yves Saint Laurent, 1988

B — *Robe courte,* Yves Saint Laurent, 1965

C — *Veste et pantalon,* Moschino, 2020

D — *Robe,* Agatha Ruiz de la Prada, 2009

Les tableaux

1 — *La Girafe en feu,* Salvador Dali, 1937

2 — *Quatorze Tournesols dans un vase,* Vincent Van Gogh, 1889

3 — *Le Marin,* Pablo Picasso, 1943

4 — *Composition avec rouge, jaune, noir, gris et bleu,* Piet Mondrian, 1921

2 a. 🎧 101 Écoute et associe ces mouvements de peinture à leur caractéristique.

- l'impressionnisme
- le cubisme
- le surréalisme
- l'art abstrait

- des formes géométriques
- de petites touches de couleurs
- les lignes droites et les couleurs vives
- l'imaginaire et le rêve

b. 🎧 101 Réécoute. À quels mouvements appartiennent les peintres de l'activité **1** ?

Unité 4

> **J'apprends à reproduire des tableaux célèbres.**

3 Observe ces tableaux et leur reproduction par d'autres personnes.
   a. À quels mouvements de peinture (activité **2a**) appartiennent les tableaux ?

Autoportrait,
Vincent Van Gogh, 1889

Le Fils de l'Homme,
René Magritte, 1964

Portrait en buste d'une femme,
Pablo Picasso, 1935

 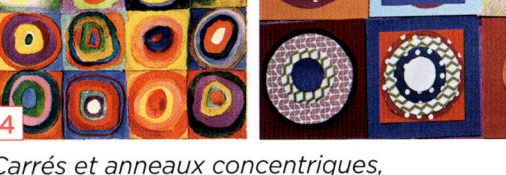

Carrés et anneaux concentriques,
Vassily Kandinsky, 1913

b. Pour les reproductions de ces tableaux, on a utilisé quels vêtements, accessoires ou objets ?

une chemise blanche • des tissus de couleurs • une veste grise • une cravate rouge •
un chapeau noir • des papiers de couleurs • une veste noire

c. 🎲 **En groupes.** Le jeu des tableaux célèbres.
Notez les noms des tableaux de cette double page sur des papiers. Choisis un papier et dis le nom du tableau. Tes camarades trouvent le peintre et le mouvement de peinture.

4 a. 💬 **Par deux.** Reproduisez un tableau de cette double page avec des vêtements, accessoires ou objets trouvés dans la classe.

b. Avec la classe. Devinez le nom des tableaux des autres groupes. Comment vos camarades ont-ils reproduit le tableau ?

> Ils/Elles ont utilisé des écharpes pour les formes géométriques...

cent trois **103**

Culture et Citoyenneté

Doc. 1

Les DROM-COM, qu'est-ce que c'est ?

Les **DROM-COM** sont des territoires français qui ne sont pas en Europe.
Les **DROM**, ce sont les cinq départements ou régions d'outre-mer[1] : la Guadeloupe, la Martinique, la Guyane française, La Réunion et Mayotte.
Les **COM**, ce sont les collectivités d'outre-mer : Saint-Pierre-et-Miquelon, Saint-Barthélemy, Saint-Martin, Wallis-et-Futuna, la Polynésie française et la Nouvelle-Calédonie.
Les habitants des DROM-COM sont français mais ont des origines différentes : européennes, africaines, indiennes...

[1] De l'autre côté de la mer.

1 Observe la capture d'écran. À ton avis, de quoi va parler la vidéo ?
- Du mode de vie des enfants en outre-mer.
- Des activités de vacances en outre-mer.
- De l'école en outre-mer.

2 Regarde la vidéo et vérifie ta réponse à la question **1**.

3 Associe les phrases et les territoires.

Les enfants d'outre-mer...
a. se lèvent quand les enfants parisiens se couchent.
b. vont à l'école le matin ou l'après-midi.
c. ont un mois de vacances de décembre à janvier.

À Mayotte
À La Réunion
En Nouvelle-Calédonie
En Polynésie française

1 Est-ce que ton pays a des territoires sur plusieurs continents ?
2 Lis les documents et réponds.
   a. **(Doc. 1)** Les DROM-COM, qu'est-ce que c'est ?
   b. **(Doc. 1)** Quelle est la nationalité des habitants des DROM-COM ?
   c. **(Doc. 1)** Ces territoires sont des DROM ou des COM ?
     1. La Guadeloupe   2. La Polynésie française   3. La Réunion   4. Mayotte

La France d'outre-mer : les DROM-COM

Unité **5**

Doc. 2
Zoom sur la Guyane

Les DROM-COM sont en général des îles. La Guyane, située sur le continent sud-américain, est le seul territoire qui n'est pas une île. Ses deux villes principales sont Cayenne et Kourou. 97 % de la Guyane est couvert par la forêt.

Au marché, on trouve des poissons, des fruits de la forêt amazonienne et la spécialité locale : le manioc.

Le manioc.

La fusée Ariane (Centre spatial de Kourou).

La forêt amazonienne.

COMPÉTENCES citoyennes

La diversité des langues en France d'outre-mer

Les habitants des DROM-COM sont français et parlent **français**, mais ils parlent aussi **d'autres langues**.

54 langues différentes sont parlées sur ces territoires, comme : le créole guadeloupéen, martiniquais, guyanais ou réunionnais, l'arawak, le kanak, le tahitien, le futunien…

Bonjou ! — Bozu ! — Âriké ! — Bonjour ! — Kwezi ! — Ia ora na ! — Mālō te ma'uli !

Pour le respect de toutes les langues du territoire français !

1 Lis et réponds.
   a. À ton avis, qui parle les langues suivantes ?
      1. le créole réunionnais • 2. le futunien
   b. Situe ces territoires sur la carte **(Doc. 1)**.

Les habitants de…

2 À ton avis, que veut dire « Ia ora na ! » à Tahiti, ou « Kwezi ! » à Mayotte ?

   d. **(Doc. 2)** Vrai ou faux ?
     1. La Guyane est une île d'Amérique du Sud.
     2. Le paysage principal de la Guyane c'est le désert.

3 💬 **En groupes. Préparez cinq questions sur la géographie de votre pays. Posez vos questions à la classe.**

Dans cette région, on peut voir…

Mon cours d'histoire des arts

> **J'apprends à identifier le patrimoine mondial.**

1 a. 🎧 102 💬 **Observe et écoute le nom des arts. Quels autres arts connais-tu ?**

 l'architecture  la calligraphie  la danse  le dessin

 la musique  la peinture  le théâtre

b. 💬 **En groupes. Représentez d'autres arts, comme dans l'activité a. La classe devine.**

La cuisine !

2 Observe ces représentations du patrimoine mondial.

a. De quel type de patrimoine s'agit-il ?

Le patrimoine matériel (monuments, objets, nature, paysages…)

Le patrimoine immatériel (traditions, musiques, danses…)

1 Les dessins sur le sable (Vanuatu) **2** Le flamenco (Espagne) **3** Les ombres chinoises (Chine) **4** Les mariachis (Mexique)

b. Associe les photos de l'activité 2a aux arts de l'activité 1a.

Ex. : *1. les dessins sur le sable → le dessin, la calligraphie*

c. 💬 **En groupes. Choisissez des photos d'un pays de votre choix. La classe devine le type de patrimoine.**

Le patrimoine immatériel de la France !

La gastronomie française

Le patrimoine matériel de la France !

Le Mont-Saint-Michel   Le canal du Midi

106 cent six

Unité 5

> **J'apprends à situer le patrimoine mondial.**

3 Lis ce blog d'architecture.

a. Associe chaque merveille à sa photo.

b. Où se trouvent ces merveilles ? Retrouve le pays et/ou la ville et le continent.

Ex. : *La grande pyramide de Khéops est située en Égypte, à Gizeh, en Afrique.*

c. 🎧 103 Écoute pour vérifier.

4 a. 💬 **En groupes.** Faites la liste de vos sept merveilles du monde. Montrez à la classe des photos. Vos camarades devinent le nom du site, le continent, la ville et/ou le pays.

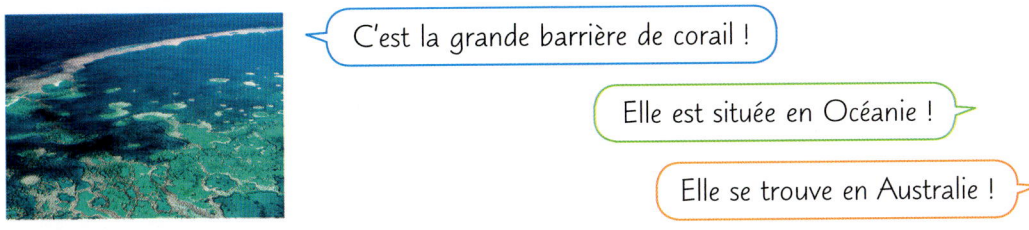

b. **Avec la classe.** Votez et choisissez les sept merveilles du monde de la classe.

Vidéo

Leçon 11 - Document 2

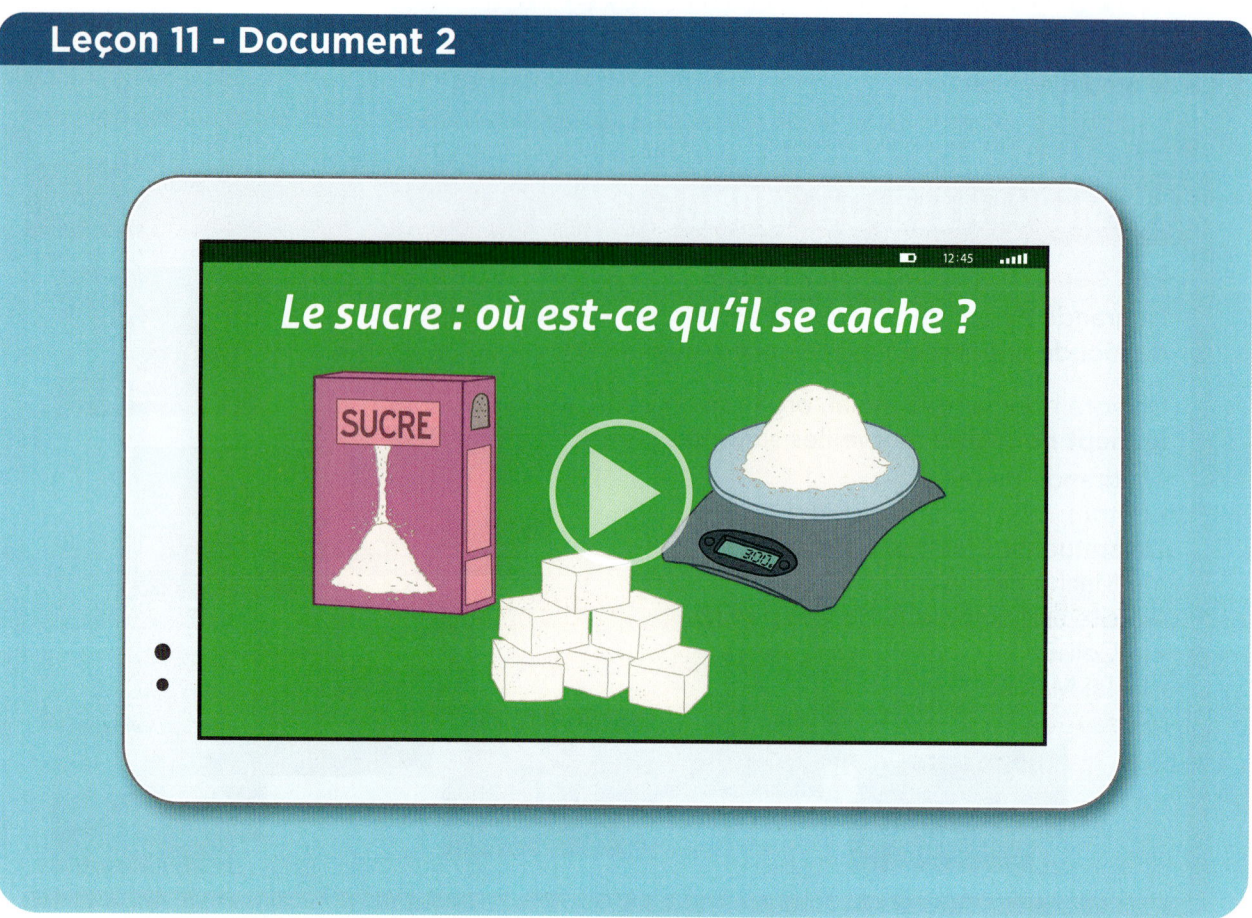

1 Observe la capture d'écran et réponds.
1. Quel est le sujet de la vidéo ?
2. A ton avis, de quoi va-t-on parler ?

- de la consommation de sucre en France
- de la quantité de sucre dans les aliments

2 Regarde la vidéo sans le son. Quels aliments de la liste tu vois dans la vidéo ?

- des fruits
- des gâteaux
- des légumes
- de la viande
- des pâtes
- du riz

3 **Regarde la vidéo avec le son.**

a. Vérifie tes hypothèses aux questions de l'activité **1**.

b. **Vrai ou faux ? Justifie.**
1. Un(e) Français(e) consomme 25 kilos de sucre chaque année.
2. L'OMS (Organisation mondiale de la Santé) conseille 35 grammes de sucre par jour et par personne.
3. Il y a un peu de sucre dans les pâtes.
4. Un paquet de gâteaux contient 6 morceaux de sucre.

c. **Il y a combien de morceaux de sucre dans :**
1. une boîte de légumes préparés ?
2. un paquet de gâteaux ?

d. Quelle appli conseille-t-on d'utiliser pour connaître la quantité de sucre dans les aliments ?

> **Exprimer des quantités et des mesures**
>
> 35 **grammes de** sucre
> 25 **kilos de** sucre
> une **boîte de** légumes
> un **morceau de** sucre
> un **paquet de** gâteaux

4 a. 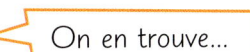 **Regarde encore. Il y a du sucre dans quels aliments ?**

> On en trouve…

> Il y en a beaucoup/un peu…

> **Le pronom *en* COD**
>
> **Du sucre**, on **en** trouve dans les fruits.
> Il y **en** a beaucoup dans…

b. 💬 **En groupes. Trouvez d'autres aliments avec du sucre. Comparez vos réponses avec les autres groupes.**

> Il y a en a beaucoup dans les boissons…

5 ✏️💬 **Imaginons un menu équilibré !**

En groupes
a. Listez vos aliments préférés (fruits, légumes, viande, yaourts…).
b. Imaginez un menu équilibré à partir de votre liste.
c. La classe vote pour le menu le plus équilibré.

Carte mentale p. 76-77

> En dessert, on choisit un yaourt, un fruit ou un morceau de gâteau ?

Culture et Citoyenneté

Doc. 1

Le tour de France des spécialités

Les galettes et les crêpes bretonnes

On les mange avec différents ingrédients. Pour les galettes : des œufs, du fromage… Pour les crêpes : du sucre, des fruits, du chocolat…

La quiche lorraine

Ses ingrédients principaux sont les œufs et les lardons.

La choucroute

C'est une spécialité alsacienne préparée avec du chou, de la viande, de la charcuterie et des pommes de terre.

Le cassoulet

C'est un plat traditionnel du Sud-Ouest de la France préparé avec des haricots blancs et de la viande.

Le gratin dauphinois

C'est une spécialité préparée avec des pommes de terre et du lait.

L'aligot

C'est une purée de pommes de terre préparée avec du fromage local : la tomme.

La bouillabaisse

On prépare cette soupe avec des poissons de la mer Méditerranée.

La ratatouille

On la prépare avec des légumes de Provence : des oignons, des tomates, des aubergines, des courgettes, des poivrons et de l'ail.

1 Dans ton pays, quelles sont les spécialités en cuisine ?

2 Lis les documents et réponds.
   a. **(Doc. 1)** Dans quelles spécialités trouve-t-on : des pommes de terre ? du fromage ? du poisson ? des légumes ?
   b. **(Doc. 1)** Quelle spécialité est sucrée ?

Unité 6

La gastronomie française

COMPÉTENCES citoyennes

Bien manger

Observe la pyramide alimentaire. Associe les aliments aux quantités nécessaires pour bien manger.

Avec modération [1] • 1 à 2 fois par jour
2 à 3 fois par jour • 5 par jour • À éviter [2]
À volonté [3] • À tous les repas

[1] Un peu. • [2] Si possible, ne pas manger. • [3] La quantité qu'on veut.

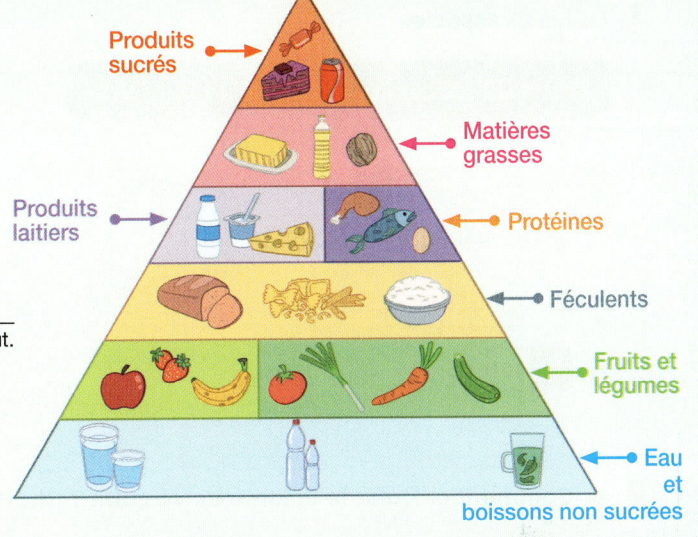

Produits sucrés • Matières grasses • Produits laitiers • Protéines • Féculents • Fruits et légumes • Eau et boissons non sucrées

PARIS, CE MATIN — TÉLÉ MATIN

1 Observe la capture d'écran. À ton avis, quel est le sujet du reportage ?
les restaurants de France • les plats préférés des Français • les marchés de France

2 Regarde la vidéo. Vérifie ta réponse à la question **1**.

3 Les Français préfèrent quels plats ? Fais le classement.
le cassoulet • les pâtes • le steak-frites • les fruits de mer • le poulet rôti

4 Cite deux autres plats du reportage.

Doc. 2 — Passion pâtisserie

De nombreuses pâtisseries proposent des gâteaux traditionnels français sous une forme nouvelle.

Les pâtisseries traditionnelles et leur version actuelle

Les macarons.

Les éclairs.

Le millefeuille.

La tarte Tatin.

c. (Doc. 1) Trouve la spécialité de chaque région.
la Bretagne (ouest de la France) • la Provence (sud de la France) • l'Alsace (est de la France)

d. (Doc. 2) Cite trois pâtisseries traditionnelles françaises.

3 En groupes. Quels plats français présentés ici avez-vous envie de goûter ? Faites un classement.

cent onze 111

Mon cours de mathématiques

> **J'apprends à calculer un volume.**

1 a. Lis et associe.

| 1 m³ = un mètre cube | | 1 l = un litre |

L'unité de volume d'un solide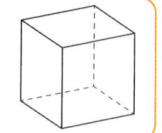

L'unité de volume d'un liquide

b. 🎧 104 **Écoute pour vérifier.**

2 a. Comment calculer le volume de ce cube ? Choisis l'opération correcte.

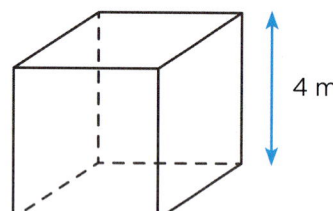

4 m

4 × 4 × 4 = 64 m³

4 × 3 = 13 m³

4 × 4 = 16 m³

b. Comment calculer le volume de ce pavé droit ? Complète.

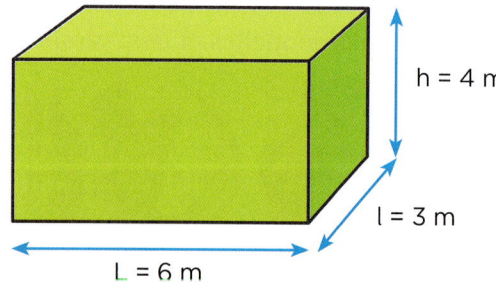

h = 4 m
l = 3 m
L = 6 m

la longueur = 6 m ; la largeur = … ; la hauteur = …
Le volume d'un pavé droit = L × … × …
Le volume de ce pavé droit = …

3 a. 🎧 105 **Écoute et complète les dimensions de ce morceau de sucre.**

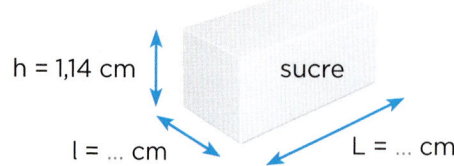

h = 1,14 cm   sucre
l = … cm   L = … cm

b. 💬 **Par deux. Répondez aux questions puis comparez avec la classe.**
1. Quel est le volume du morceau de sucre (activité **3a**) ?
2. Une boîte de sucre contient 168 morceaux de sucre. Quel est son volume ?

Unité 6

❯ J'apprends à convertir des volumes.

4 a. Observe le tableau puis associe les volumes équivalents.

m³ (mètres cubes)			dm³ (décimètres cubes)			cm³ (centimètres cubes)		
					litres l	décilitres dl	centilitres cl	millilitres ml
		1	0	0	0			
					1	0	0	0
						1	0	0

b. Réponds.

1. À quel volume (en cm³) correspondent 33 cl de jus de fruits ?

2. Une bouteille rouge contient 75 cl d'eau. Une bouteille bleue contient 500 cm³. Quelle bouteille contient plus d'eau ?

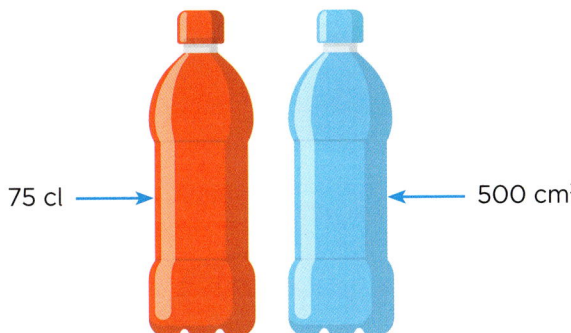

5 💬 **Par deux.** Lisez le problème suivant et trouvez le résultat. Comparez avec les autres groupes.

a. Cette brique contient un litre de lait. Quel est le volume de la brique en cm³ ?

b. La brique de lait a une longueur de 9,5 cm et une largeur de 6,5 cm. Quelle est sa hauteur ?

Vers le DELF A2

➤ Compréhension de l'oral

25 points

Vous allez écouter plusieurs documents. Il y a 2 écoutes.
Dans les exercices 1, 2 et 3 pour répondre aux questions, cochez ✔ la bonne réponse.

EXERCICE 1

5 points

Vous écoutez des annonces publiques.

DOCUMENT 1

 Lisez la question. Écoutez le document puis répondez.

Pendant les vacances d'hiver, la médiathèque est ouverte le mercredi… *(2,5 points)*
- A ☐ matin.
- B ☐ après-midi.
- C ☐ toute la journée.

DOCUMENT 2

 Lisez la question. Écoutez le document puis répondez.

Le train pour Marseille a un retard de… *(2,5 points)*
- A ☐ 15 minutes.
- B ☐ 30 minutes.
- C ☐ 45 minutes.

EXERCICE 2

5 points

Vous écoutez la radio.

 **Lisez les questions. Écoutez le document puis répondez.**

1. Nous sommes en… *(2 points)*
   - A ☐ hiver.
   - B ☐ automne.
   - C ☐ été.

2. Quel temps fait-il dans le sud de la France ? *(3 points)*

A ☐   B ☐   C ☐

EXERCICE 3

7 points

 Vous écoutez ce message sur un répondeur téléphonique.
Lisez les questions. Écoutez le document puis répondez.

1. Où va Noémie ce week-end ? *(1 point)*

A ☐   B ☐   C ☐

2. Qu'est-ce que les parents de Noémie ont loué ? *(1 point)*

A ☐   B ☐   C ☐

3. Qu'est-ce qu'ils vont faire ? *(1 point)*

A ☐   B ☐   C ☐

4. Que vous demande Noémie ? *(2 points)*
- A ☐ De faire une activité avec elle ce week-end.
- B ☐ De partir avec elle et sa famille en week-end.
- C ☐ De garder son animal pendant le week-end.

5. À quelle heure est-ce que Noémie veut passer chez vous ? *(2 points)*
- A ☐ 17 heures.
- B ☐ 18 heures.
- C ☐ 19 heures.

EXERCICE 4

8 points

🎧 110 Vous écoutez 4 dialogues. Cochez ✓ pour associer chaque dialogue à la situation correspondante. Attention : il y a 5 situations mais seulement 4 dialogues.

Lisez les situations. Écoutez les dialogues puis répondez.

	Refuser une invitation	Décrire un logement	Offrir quelque chose	Proposer une sortie	Donner des indications
Dialogue 1 *(2 points)*					
Dialogue 2 *(2 points)*					
Dialogue 3 *(2 points)*					
Dialogue 4 *(2 points)*					

cent quinze **115**

Vers le DELF A2

➤ Compréhension des écrits

25 points

EXERCICE 1

7,5 points

Vous voulez proposer une activité à vos amis. Vous lisez ces propositions.

À la découverte des lieux de la ville…

Samedi 16 mai

La mairie de Fleury te propose des activités dans des lieux intéressants de la ville. Voici le programme de cette journée :

❶ À 19 heures, au cinéma : projection du film *Il était une fois le train*, un documentaire sur les trains de toutes les époques.

❷ Au musée Conti de 14 heures à 17 heures : Escape Game pour les 10-16 ans. Retrouvez le code pour sortir du musée !

❸ À la mairie, à 15 heures : rencontre avec Monsieur le Maire et visite des bureaux de la mairie.

❹ Au théâtre, de 10 heures à 13 heures : atelier d'initiation au théâtre pour les enfants et les adultes !

❺ De 9 heures à 16 heures, à la grande bibliothèque : Ateliers de lecture et d'écriture pour les enfants de 7 à 9 ans.

Pour toute information complémentaire :
Tél. : 07 66 42 11 08

Qu'est-ce que vous allez proposer à chacun de vos amis ?
Associez l'activité qui correspond à chaque personne.
Attention, il y a 6 personnes mais seulement 5 propositions (1 personne n'est associée à aucun document).
Cochez ✔ une seule case pour chaque document.

Personnes	Proposition 1	Proposition 2	Proposition 3	Proposition 4	Proposition 5
A Émilie veut jouer comme une actrice.					
B Noah veut visiter un lieu important de la ville.					
C Nassim aime les reportages et les documentaires.					
D Thomas adore lire des romans.					
E Dorota aime beaucoup cuisiner.					
F Sophia veut participer à un jeu avec ses amis.					

EXERCICE 2

9 points

Votre ami Joachim veut vous inviter à un pique-nique. Vous recevez ce courriel..

De : joachimkalis@gmail.com

Salut !
Comment ça va ? C'est la fête des mères dimanche ! Il va faire beau. Avec ma famille, nous allons passer la journée dans un parc. Nous voulons organiser un grand pique-nique. Nous allons apporter une salade de tomates, des œufs, du pain, du fromage et des gâteaux !
Est-ce que tu veux venir avec ta famille ? On se retrouve à midi devant l'entrée du parc ?
Tu peux apporter de l'eau et du jus de fruits ?
Après le pique-nique, on peut jouer au football ou au basket. On peut aussi faire une promenade ensemble.
Réponds-moi vite !
Joachim

Pour répondre aux questions, cochez ✔ la bonne réponse.

1. Qu'est-ce qu'on va fêter dimanche ? *(1,5 point)*

A ☐   B ☐   C ☐

2. Où va la famille de Joachim dimanche ? *(1,5 point)*

A ☐   B ☐   C ☐

3. Qu'est-ce qu'ils vont manger ? *(1,5 point)*

A ☐   B ☐   C ☐

4. Vous devez apporter... *(1,5 point)*
   - A ☐ des boissons.
   - B ☐ des fruits.
   - C ☐ des gâteaux.

5. Vous avez rendez-vous à... *(1,5 point)*
   - A ☐ 11 heures.
   - B ☐ 12 heures.
   - C ☐ 13 heures.

Vers le DELF A2

6. L'après-midi, Joachim vous propose… *(1,5 point)*
   - A ☐ de faire du sport.
   - B ☐ de regarder la télévision.
   - C ☐ d'aller au centre commercial.

EXERCICE 3   *8,5 points*

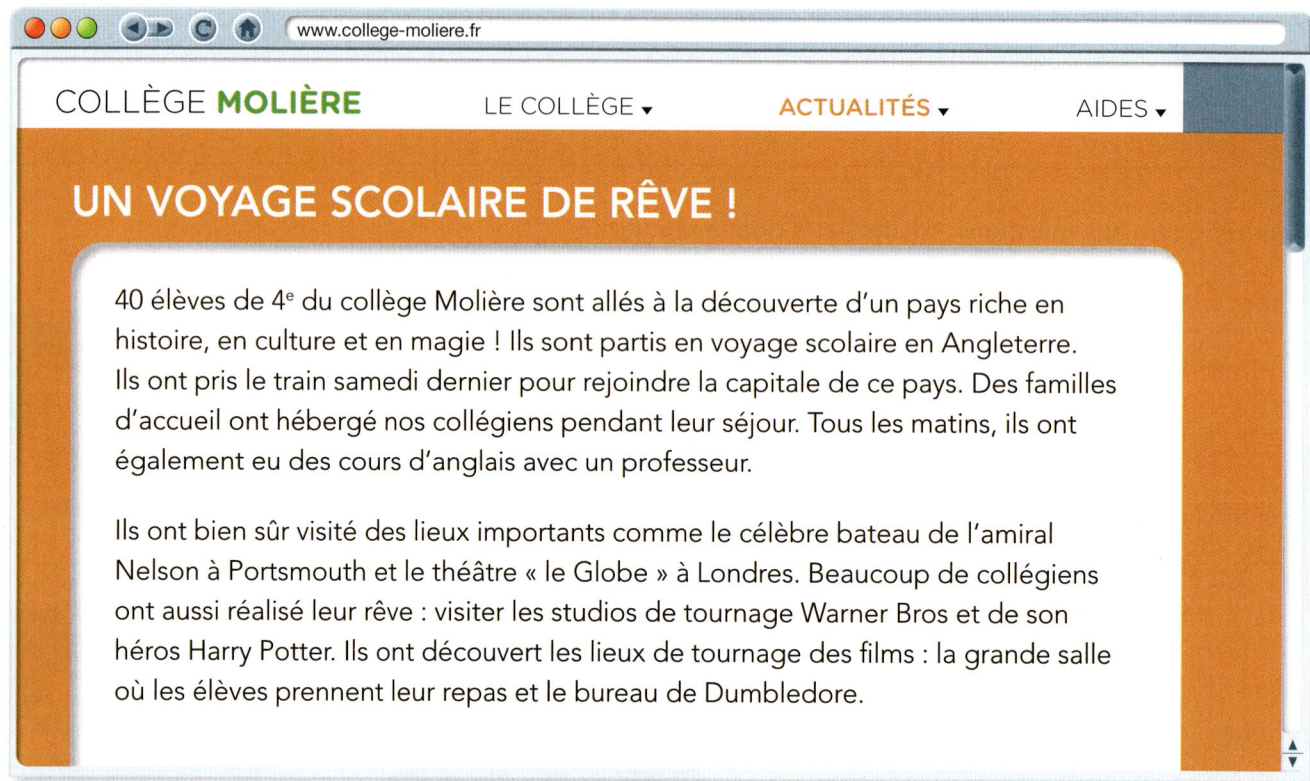

www.college-moliere.fr

COLLÈGE MOLIÈRE   LE COLLÈGE ▾   ACTUALITÉS ▾   AIDES ▾

UN VOYAGE SCOLAIRE DE RÊVE !

40 élèves de 4ᵉ du collège Molière sont allés à la découverte d'un pays riche en histoire, en culture et en magie ! Ils sont partis en voyage scolaire en Angleterre. Ils ont pris le train samedi dernier pour rejoindre la capitale de ce pays. Des familles d'accueil ont hébergé nos collégiens pendant leur séjour. Tous les matins, ils ont également eu des cours d'anglais avec un professeur.

Ils ont bien sûr visité des lieux importants comme le célèbre bateau de l'amiral Nelson à Portsmouth et le théâtre « le Globe » à Londres. Beaucoup de collégiens ont aussi réalisé leur rêve : visiter les studios de tournage Warner Bros et de son héros Harry Potter. Ils ont découvert les lieux de tournage des films : la grande salle où les élèves prennent leur repas et le bureau de Dumbledore.

Pour répondre aux questions, cochez ✓ la bonne réponse.

1. Où sont partis les élèves du collège Molière ? *(1 point)*
   - A ☐ En France.
   - B ☐ En Espagne.
   - C ☐ En Angleterre.

2. Ils y sont allés en… *(2 points)*

A ☐   B ☐   C ☐

3. Où est-ce qu'ils ont dormi ? *(1,5 point)*
   - A ☐ Dans une famille anglaise.
   - B ☐ Dans un grand hôtel.
   - C ☐ Dans une école.

4. Pendant leur voyage, ils ont visité... *(2 points)*

A ☐   B ☐   C ☐

5. Qu'est-ce qu'ils ont adoré ? *(2 points)*
   A ☐ Se déguiser en super-héros.
   B ☐ Visiter des studios de tournage.
   C ☐ Déjeuner dans un château.

➤ Production écrite

25 points

EXERCICE 1

13 points

Samedi dernier, vous avez fait une sortie avec votre classe. Vous écrivez à un(e) ami(e) pour lui raconter cette sortie. Vous lui expliquez où vous êtes allé(e) et ce que vous avez fait. Vous donnez vos impressions sur cette sortie. (60 mots minimum)

EXERCICE 2

12 points

Vous avez reçu ce courriel de votre ami Laurène.

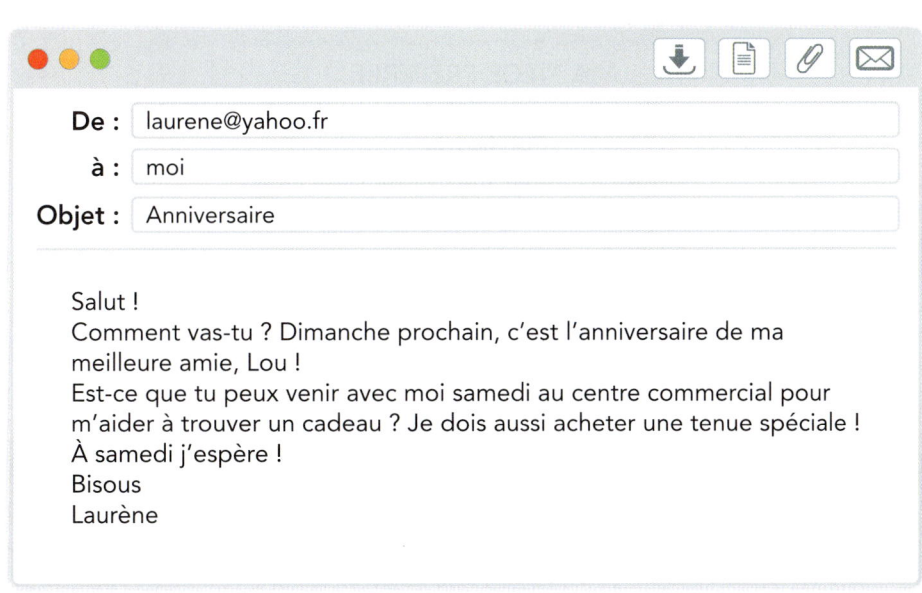

> De : laurene@yahoo.fr
> à : moi
> Objet : Anniversaire
>
> Salut !
> Comment vas-tu ? Dimanche prochain, c'est l'anniversaire de ma meilleure amie, Lou !
> Est-ce que tu peux venir avec moi samedi au centre commercial pour m'aider à trouver un cadeau ? Je dois aussi acheter une tenue spéciale !
> À samedi j'espère !
> Bisous
> Laurène

Vous répondez à Laurène. Vous vous excusez et vous expliquez pourquoi vous ne pouvez pas l'accompagner samedi. Vous lui proposez un autre rendez-vous. Vous lui donnez quelques idées de cadeaux et de vêtements à mettre pour l'anniversaire de Lou. (60 mots minimum)

Vers le DELF A2

➤ Production orale

25 points

EXERCICE 1 • Entretien dirigé sans préparation (1 minute 30 environ)

5 points

Vous vous présentez.

Vous parlez :
- de vous : Comment vous vous appelez ? Quel âge avez-vous ? Où est-ce que vous habitez ?
- de votre famille : Combien avez-vous de frères et sœurs ? Quelle est la profession de vos parents ?
- de vos amis : Qu'est-ce que vous aimez faire avec vos amis ?
- de vos études : Quelle est votre matière préférée au collège ? Pourquoi ?
- de vos goûts : Qu'est-ce que vous aimez ? Qu'est-ce que vous détestez ?
- de vos loisirs : Quel sport ou quelle activité est-ce que vous pratiquez ? Quand ?

EXERCICE 2 • Monologue suivi avec préparation (2 minutes environ)

5 points

Vous lisez les deux sujets.
Vous en choisissez un.
Vous vous exprimez sur le sujet. Vous devez parler seul(e) pendant 2 minutes environ.
(Après votre monologue, le/la professeur(e) ou un(e) de vos camarades peut ensuite vous poser des questions complémentaires).

> **MA PIÈCE PRÉFÉRÉE**
> Quelle est la pièce que vous préférez dans votre logement ?
> Décrivez-la.
> Expliquez pourquoi vous aimez cette pièce
> et ce que vous y faites.

> **MES PROCHAINES VACANCES**
> Qu'est-ce que vous allez faire pendant
> vos prochaines vacances ?
> Où ? Avec qui ?

EXERCICE 3 • Exercice en interaction avec préparation (3 à 4 minutes) — 15 points

Vous lisez les deux sujets.
Vous en choisissez un.
Vous simulez un dialogue avec votre professeur(e) ou un(e) camarade afin de résoudre une situation de la vie quotidienne.
Vous montrez que vous êtes capable de saluer et d'utiliser des règles de politesse.

À deux.

FÊTE À LA MAISON

Vous voulez organiser une fête chez vous avec l'aide d'un(e) ami(e).
Vous discutez ensemble et vous vous mettez d'accord sur l'organisation de cette fête.

Votre professeur(e) ou un(e) camarade joue le rôle de votre ami(e).

À deux.

TOURISME

Vous êtes en vacances en France. Vous visitez la ville de Marseille.
Vous allez à l'office de tourisme pour demander des renseignements sur les lieux à visiter et les activités culturelles.

Votre professeur(e) ou un(e) camarade joue le rôle de l'employé(e) de l'office de tourisme.

Le Vieux-Port   Notre-Dame de la Garde   Château d'If

Précis grammatical

Les articles

Les articles partitifs
▶ Unité 6

Les articles partitifs indiquent une quantité indéterminée.
Je vais prendre **du** riz, **de la** viande, **des** carottes. Je bois **de l'**eau.

! Avec une négation : Je **ne** prends **pas de** riz, **pas de** viande, **jamais de** carottes. Je **ne** bois **pas d'**eau.

Les prépositions

Les prépositions et les adverbes de lieu
▶ Unités 1 et 2

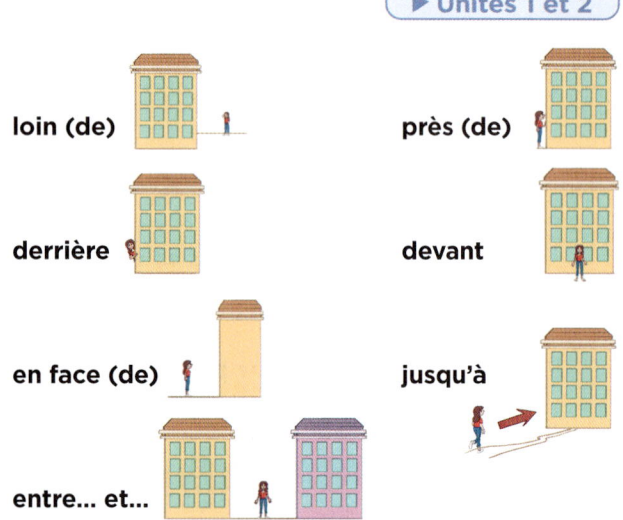

à côté **de la** cuisine, **du** salon, **de l'**ordinateur, **des** toilettes
! L'église est **sur** la place / **dans** la rue Saint-Georges.

loin de l'église, **en face du** parc, **près de la** gare, **jusqu'à la** gare / **au** parc / **à l'**église / **aux** théâtres romains

Les propositions devant les noms de villes et de pays
▶ Unité 5

	Le lieu où on est/va	Je suis / vais…
à	+ ville + île	à Athènes à Cuba
en	+ continent	en Asie
	+ nom féminin de pays	en Égypte, en France
	+ nom masculin de pays avec voyelle	en Uruguay
au	+ nom masculin de pays	au Chili
aux	+ nom pluriel de pays	aux Philippines

	Le lieu d'où on vient	Je reviens / rentre…
de/ d'	+ ville + île	d'Athènes de Cuba
	+ continent	d'Asie
	+ nom féminin de pays	de France
	+ nom de pays avec voyelle	d'Égypte d'Uruguay
du	+ nom masculin de pays	du Mexique
des	+ nom pluriel de pays	des États-Unis

! En général, les noms de pays qui se terminent par un **-e** sont féminins (sauf le Belize, le Cambodge, le Mexique, le Mozambique, le Suriname, le Zimbabwe).

Les adverbes

Déjà / Pas encore
▶ Unité 3

J'ai **déjà** promené le chien. ≠ Je **n'**ai **pas encore** promené le chien.
Rappel :
Je **n'**ai **jamais** fait la vaisselle.

Les adverbes de quantité
▶ Unité 4

| trop (de/d') ⊕ |
| beaucoup (de/d') |
| assez (de/d') |
| un peu (de/d') |
| peu (de/d') ⊖ |

! Avec un nom : J'achète **beaucoup de vêtements**. Je dois acheter **peu de choses**. J'ai acheté **assez de pulls**.

! Avec un verbe : J'**achète peu**. Je **n'achète pas beaucoup**.

Les pronoms

Le pronom *on*
▶ Unité 5

On = **nous**	**On** revient du Danemark.
On = **les gens**	En Amérique du Sud, **on** parle espagnol.
On = **quelqu'un**	**On** me dit que les gens sont très gentils.

! *on* est suivi d'un verbe à la 3e personne du singulier.

Les pronoms COD (*le, la, l', les*)
▶ Unité 1

Les pronoms COD répondent aux questions « **Qui ?** » ou « **Quoi ?** ».

On **le** prend dans la grande yourte.	=	On prend **le petit-déjeuner** dans la grande yourte.
On **la** prend dans la salle de bains commune.	=	On prend **la douche** dans la salle de bains commune.
Des animateurs expliquent comment on **les** fabrique.	=	Des animateurs expliquent comment on fabrique **les yourtes**.

! Avec une négation : On **ne le** prend **pas** dans notre yourte.

! Avec un semi-auxiliaire : Je **veux le** prendre !

Le pronom *en* COD
▶ Unité 6

Le pronom **en** remplace un COD précédé :

d'un article indéfini	Je mange **un gâteau**. → J'**en** mange **un**.
d'un partitif	**Du sucre** ? Il y **en** a dans tous les aliments.
d'un adverbe ou d'une expression de quantité	Il y a **beaucoup de sucre**. → Il y **en** a **beaucoup**.
	Une boîte de légumes contient **2,5 morceaux de sucre**. → Une boîte de légumes **en** contient **2,5 morceaux**.

! Avec une négation : Je **n'en** mange **pas**.

! Avec un semi-auxiliaire : Je **veux en** manger. Je **ne vais pas en** manger.

! Avec le passé composé : J'**en ai mangé**. Je **n'en ai pas mangé**.

Précis grammatical

Les pronoms COI (*lui* et *leur*) ▶ Unité 4

Les pronoms COI **lui** et **leur** remplacent une personne ou une chose. Ils répondent à la question « **À qui ?** » ou « **À quoi ?** ».

Vous offrez une de vos créations **à votre ami(e)**.	On donne une seconde vie **à nos vêtements**.
Vous **lui** offrez une de vos créations.	On **leur** donne une seconde vie.

! Avec une négation : Vous **ne lui** offrez **pas** une de vos créations.

! Avec un semi-auxiliaire : Je **vais lui offrir** une de mes créations. Je **ne vais pas lui offrir** une de mes créations.

! Avec le passé composé : Vous **leur avez offert** un cadeau. Vous **ne leur avez pas offert** un cadeau.

Le pronom complément de lieu *y* ▶ Unité 5

Le pronom **y** remplace un complément de lieu.

On parle 2 000 langues différentes **en Asie**.	Je vais **en Espagne** avec mes grands-parents.
On **y** parle 2 000 langues différentes.	J'**y** vais avec mes grands-parents.

! Avec une négation : Je **n'y** vais **pas**.

! Avec un semi-auxiliaire : Vous **pouvez y passer** l'été. Vous **ne pouvez pas y passer** l'été.

! Avec le passé composé : J'**y suis allé(e)**. Je **n'y suis pas allé(e)**.

L'interrogation

L'interrogation avec inversion ▶ Unité 1

Formation :

verbe + **-** + pronom sujet	**Habites-tu** dans une maison **?**
verbe qui se termine par une voyelle + **-t-** + *il, elle, on*	**Habite-t-elle** dans une maison **?**

! Combien de pièces il y **a** chez toi ? → Combien de pièces y **a-t-il** chez toi **?**

! **Qu'est-ce que** tu fais chez toi ? → **Que** fais-tu chez toi **?**

Rappel :

Avec l'intonation : Tu habites dans une maison **?**
Avec *est-ce que* : **Est-ce que** tu habites dans une maison **?**

Oui et *si* ▶ Unité 1

	Réponse	
	affirmative	négative
Question affirmative C'est petit chez toi ?	Oui !	Non !
Question négative Vous **ne** devinez **pas** ?	**Si** !	

La négation

La négation avec *rien* et *personne* ▶ Unité 2

sujet + **ne/n'** + verbe + **rien** ou **personne**	Vous trouvez **quelque chose** ? ▶ Non, (on **ne** trouve) **rien**.
	Il y a **quelqu'un** à la maison ? ▶ Non, (il **n'**y a) **personne**.
rien ou **personne** + **ne/n'** + verbe	**Rien n'**est original. **Personne ne** vient.

! Avec un adjectif ou un adverbe : On **ne** trouve **rien** d'original, **rien** de bien.
! Avec un semi-auxiliaire : On **ne** va **rien** changer dans le quartier.
! Avec le passé composé : On **n'a rien** trouvé. On **n'a** trouvé **personne**.

L'omission de la négation ▶ Unité 3

Souvent, à l'oral, on ne prononce pas le *ne* ou *n'* de la négation.

Je **n'**ai **pas** fait mon lit.	J'ai **pas** fait mon lit.
Il **ne** sont **pas** là.	Ils sont **pas** là.
Personne ne vient avec moi ?	**Personne** vient avec moi ?
Il n'y a **personne** ?	Il y a **personne** ?
On **ne** fait **rien** ce week-end.	On fait **rien** ce week-end.

La condition : *Si* + présent... + présent ou impératif ▶ Unité 4

Pour exprimer une condition et son résultat :	***Si*** + présent de l'indicatif..., + **présent de l'indicatif**	**Si** les vêtements ne **sont** pas trop vieux, on les **donne**.
Pour exprimer une condition ou un conseil :	***Si*** + présent de l'indicatif..., + **impératif**	**Si** vous **voulez** faire un cadeau à un(e) ami(e), **donnez** une de vos créations !

! si + il(s) = **s'il(s)**
S'il est trop usé... / **S'ils** sont trop usés...

Le présent de l'indicatif

Les verbes en *-er* et le verbe *offrir*

Les verbes en *-er* : règle générale ▶ Unités 1 et 4
radical de l'infinitif + ***-e*, *-es*, *-e*, *-ons*, *-ez*, *-ent***

Les verbes en *-er*		Le verbe **offrir**[2] (offr-)
Aimer (aim-)	**Se coucher**[1] (couch-)	
J'aim**e**	Je **me** couch**e**	J'offr**e**
Tu aim**es**	Tu **te** couch**es**	Tu offr**es**
Il/Elle/On aim**e**	Il/Elle/On **se** couch**e**	Il/Elle/On offr**e**
Nous aim**ons**	Nous **nous** couch**ons**	Nous offr**ons**
Vous aim**ez**	Vous **vous** couch**ez**	Vous offr**ez**
Ils/Elles aim**ent**	Ils/Elles **se** couch**ent**	Ils/Elles offr**ent**

[1] Autres verbes pronominaux en *-er* : s'appeler, se déplacer, se déshabiller, se doucher, s'habiller, se laver, se lever, se préparer, se réveiller.
! Devant une voyelle ou un *h* muet, *me*, *te* et *se* → *m'*, *t'* et *s'* : Je **m'**habille...
! Avec une négation : Je **ne me** lave **pas** le soir mais le matin.

[2] *Offrir* a les mêmes terminaisons que les verbes en *-er*.
Autres verbes comme *offrir* : découvrir, ouvrir.

Précis grammatical

Les verbes en -er : cas particuliers ▶ Unités 1 et 4

Essayer[1]	Se lever[2]	Préférer[3]
J'essaie	Je me lève	Je préfère
Tu essaies	Tu te lèves	Tu préfères
Il/Elle/On essaie	Il/Elle/On se lève	Il/Elle/On préfère
Nous essayons	Nous nous levons	Nous préférons
Vous essayez	Vous vous levez	Vous préférez
Ils/Elles essaient	Ils/Elles se lèvent	Ils/Elles préfèrent

[1] Autre verbe comme *essayer* : payer.
[2] Autre verbe comme *se lever* : se promener.
[3] Autre verbe comme *préférer* : répéter.

Les verbes du 2ᵉ groupe ▶ Unité 2

Choisir
Je choisis
Tu choisis
Il/Elle/On choisit
Nous choisissons
Vous choisissez
Ils/Elles choisissent

Autres verbes comme *choisir* : finir, (s')(a)grandir.

Les verbes du 3ᵉ groupe ▶ Unités 1, 2, 4 et 6

Prendre[1]	Vouloir	Boire
Je prends	Je veux	Je bois
Tu prends	Tu veux	Tu bois
Il/Elle/On prend	Il/Elle/On veut	Il/Elle/On boit
Nous prenons	Nous voulons	Nous buvons
Vous prenez	Vous voulez	Vous buvez
Ils/Elles prennent	Ils/Elles veulent	Ils/Elles boivent

[1] Autres verbes comme *prendre* : apprendre, comprendre.

Devoir	Mettre	(se) Sentir[2]
Je dois	Je mets	Je (me) sens
Tu dois	Tu mets	Tu (te) sens
Il/Elle/On doit	Il/Elle/On met	Il/Elle/On (se) sent
Nous devons	Nous mettons	Nous (nous) sentons
Vous devez	Vous mettez	Vous (vous) sentez
Ils/Elles doivent	Ils/Elles mettent	Ils/Elle (se) sentent

[2] Autres verbes comme *(se) sentir* :
dormir → je dors, nous dormons.
(se) servir → je (me) sers, nous (nous) servons.
sortir → je sors, nous sortons.

Le futur proche, le présent continu et le passé récent

Le futur proche

▶ Unité 2

Le futur proche exprime une action qu'on a l'intention de faire.

Formation : aller au présent + infinitif

Je **vais** faire
Tu **vas** faire
Il/Elle/On **va** faire } une balade.
Nous **allons** faire
Vous **allez** faire
Ils/Elles **vont** faire

! Avec une négation : Je **ne vais pas** faire de balade.

! Avec les verbes pronominaux : Je **vais me** promener. Je **ne vais pas me** promener.

Le présent continu

▶ Unité 2

Le présent continu exprime une action présente en cours de réalisation.

Formation :

| **être** au présent + **en train de** + infinitif | On **est en train de** chercher des idées de sortie. |

! Avec une négation : Vous **n'êtes pas en train de** chercher des idées de sortie ?

! Avec les verbes pronominaux : Je **suis en train de me** promener. Tu **n'es pas en train de te** promener.

Le passé récent

▶ Unité 6

Le passé récent exprime une action réalisée dans un passé immédiat.

Formation :

| **venir** au présent + **de** + infinitif | Tu **viens de** finir ton repas. |

! Avec une négation : Tu **ne viens pas de** goûter ?

! Avec les verbes pronominaux : Tu **viens de te** doucher ? Tu **ne viens pas de te** doucher ?

Le passé composé

On utilise le passé composé pour parler d'actions passées.

Le passé composé avec *avoir*

▶ Unité 3

Formation : auxiliaire **avoir** au présent + **participe passé**

J'**ai**
Tu **as**
Il/Elle/On **a** } **visité**.
Nous **avons**   **rangé**.
Vous **avez**   **fini**.
Ils/Elles **ont**

! Le participe passé ne s'accorde pas avec le sujet.

Précis grammatical

Le passé composé avec *être* ▶ Unité 3

Formation : auxiliaire **être** au présent + **participe passé**

Pierre **est** souvent **tombé**.

▶ On utilise l'auxiliaire **être** avec :
- 11 verbes de mouvement et leurs composés :
aller, arriver, descendre, entrer (rentrer), monter, partir (repartir), passer, retourner, sortir, tomber et *venir (revenir...)*
- *mourir, naître* et *rester*
- les verbes pronominaux.

▶ Le participe passé s'accorde avec **le sujet**.

Je suis allé**e** au centre commercial.
(**Je** = féminin singulier)

Nous sommes entré**s** dans une cabine.
(**Nous** = masculin pluriel)

Nous nous sommes bien amusé**es**.
(**Nous** = féminin pluriel)

Le participe passé ▶ Unité 3

Formation des participes passés réguliers

▶ **Verbe en -er :** radical de l'infinitif + **-é**
visiter → visit- → **visité**
ranger → rang- → **rangé**

▶ **Verbe en -ir :** radical de l'infinitif + **-i**
finir → fin- → **fini**
choisir → chois- → **choisi**

! Quelques participes passés irréguliers :
avoir > **eu**   faire > **fait**   prendre > **pris**
dire > **dit**   mettre > **mis**   voir > **vu**
être > **été**   pouvoir > **pu**   vouloir > **voulu**

La négation avec le passé composé ▶ Unité 3

Formation : ne/n' + auxiliaire + **pas** + participe passé

Je **n'ai pas** fini mes devoirs.
Je **ne suis pas** sorti.

Le futur simple ▶ Unité 5

Verbes réguliers
infinitif + **-ai, -as, -a, -ons, -ez, -ont**

Verbes en **-er** :
visiter → on visiter**a**

Verbes en **-ir** :
dormir → nous dormir**ons**

Verbes en **-re** :
prendre → vous prendr**ez**

Verbes irréguliers
Certains verbes ont un radical irrégulier mais les terminaisons sont régulières.

aller → j'**ir**ai, tu **ir**as...
avoir → j'**aur**ai, tu **aur**as...
être → je **ser**ai, tu **ser**as...
faire → je **fer**ai, tu **fer**as...
pouvoir → je **pourr**ai, tu **pourr**as...
venir → je **viendr**ai, tu **viendr**as...
vouloir → je **voudr**ai, tu **voudr**as...